# 꾼빠이, 전교조

# 꼰빠이, 전교조

남정욱 지음

북앤피플

처음 고민은 이거였다. 학교와 가정과 나라를 망치는 3망 전교조가 있고 눈 떠서 잠자리 들 때까지 학생들만 생각하는 전교조 '스승님'들이 있는데 이를 어떻게 분리해서 다룰까 그리고 어떻게 호칭할 것인가. 한동안 '종친(종북, 친북 혹은 미친 전교조)'이라는 명칭으로 이 망동(妄動) 선생들을 불러볼까 생각도 했다. 그런데 그렇게 분리하다보니 자꾸만 실체가 흐릿해졌다. 글을 쓰면서도 마치 안개 속의 보이지 않는 적을 향해 총탄을 갈기는 느낌이었다. 그래서 그냥 뭉뚱그려 전교조라고 부르기로 했다. 암세포가 활동 중이면 암환자다. 암세포 못지않게 정상적인 세포가 있다 해도 암환자는 암환자인 거다. 해서 착한 전교조 같은 건 세상에 없다. 전교조는 그냥 전교조일 뿐이다. 암세포 아닌 선생님들께 죄송하다.

어떤 분들은 전교조가 초심을 잃었다고 안타까워하기도 한다.

그러나 전교조는 초심을 잃은 적이 없다. 그러기는커녕 초심에 욕심을 더했다. 오죽하면 승진하려면 교총 가입하고 정치하려면 전교조 가입하라는 말이 있을까. 전교조는 초심이었던 이념 추구 조직에서 이제 조합원들의 밥그릇에 철갑을 두르려는 이익 집단의 모습까지 더했다. 이념과 이익을 동시에 추구할 수 있는 사실이 놀라울 뿐이다.

전교조는 참교육을 구호로 들고 나왔다. 참교육이라는 말에 아이들과 학부모들은 환호했다. 촌지, 체벌, 입시 위주의 교육 등 한국 교육의 뿌리 깊은 고질병을 고쳐 줄 대단한 항생제라도 출현한 줄 알고 박수를 쳤다. 그런데, 그게 아니었다. 이들이 사용한 참교육이란 용어는 일본말 진교육(眞教育·신교우이꾸)을 번역한 것으로 추정된다. 전교조의 초심으로 볼 수 있는 진교육에 대해 살펴보자.

진교육은 일본교원노조가 표방하는 슬로건이다. 일본교원노조는 일본 사회당 계열의 극좌 단체로 이들의 삼단 논법은 이렇다. 하나, 학생 대부분이 노동자, 농민, 도시 빈민 등 민중의 자식들이며 이들 대부분이 앞으로는 노동자가 될 가능성이 높다. 둘, 민중의 자식이거나 앞으로 민중이 될 학생들에게 민중을 착취하는 자본주의 체제에 적응하도록 가르치는 현재의 교육은 잘못된 허위교육이자 노예교육이다. 셋, 그래서 이들에게는 민중이 주인이 되는 방법, 즉 자본주의 체제를 전복하고 사회주의체제를 건설하는 방법을 가르쳐야 한다. 이게 일본 진교육의 핵심이다. 한국 상황에 맞춰 그리고 국민 정서를 감안해 이런저런 수사가 붙어있긴 하지만 내용을 훑어보면 전교조가 주장한 참교육도 결국 이게 아닌가 싶다. 그러니까 전교조는 학부모나 학생들을 상대로 거짓말을 한 적이 없다. 당연히 초심을 잃은 적도 없다. 다만 참교육이라는, 사용하는 단어의 뜻만 서로 달리 해석했을 뿐이다.

"슬픔도 노여움도 없이 살아가는 자는 조국을 사랑하지 않고 있다." 유시민의 항소 이유서로 유명해진 네크라소프의 시구다. 이 말을 나도 쓰게 될 줄은 몰랐다. 이게 이 책의 출발점이다. 먼저, 좀 슬프다. 다른 나라에서는 닮고 싶어 환장한 나라인데 전교조는 죽어라고 이 나라를 무시한다. 툭하면 침 뱉고 뺨 때리고 발로 조지고… 지랄이다. 그리고 많이 노엽다. 사회적으로 채 골이 여물지 못한 학생들에게 부모가 알면 피를 토하고 기절할 내용들을 태연히 가르친다. 그래놓고 참교육을 했다며 희희낙락이다. 좋단다. 뿌듯하단다. 신난단다. 교육자로서 할 도리를 했기에 역사 앞에 너무나 자랑스럽단다. 원래 맞고 들어온 자식이 더 안쓰러운 법이다. 내 나라가 학교에서 이런 대접을 받고 있었다니 마구 분통이 터진다. 나는 이 슬픔과 노여움을 동력으로 이 책을 써내려 갈 예정이다.

실은 한 가지 고백할 게 있다. 나는 조국을 그렇게 심각하게 사랑하지는 않는다. 타고 나기를 집단이고 체제고 특정 인물에 매혹되어 찬사를 바치는 체질이 아니다. 그래서 시구는 살짝 수정된다. "슬픔도 노여움도 없이 살아가는 자는 조국을 '전혀' 사랑하지 않고 있다." 나는 이 '전혀'를 면하고 싶은 정도의 애국심이 있는 인간이라는 사실을 미리 밝힌다. 기특한 건 이 작업을 하는 동안 애국심이 많이 자랐다는 사실이다. 신기하다. 단락 별로 신문에 연재 중인 칼럼, '남정욱의 명랑소설(笑說)' 중 관계있는 것들을 덧붙였다. 한정된 지면 때문에 누락되었던 부분을 일부 가필하고 보강했다. 쉬어가는 기분으로 한가하게 읽으시면 되겠다.

이 책에서는 오로지 '팩트'만 다룬다. 소설 안 쓴다. 서문은 요기까지다. 길어서 죄송하다.

## 차례

## 3부 퍼져라, 반미(反美)의 노래



## 4부 그람시(A. Gramsci)를 아십니까



## 5부 대체 참교육이란 무엇일까

## 8부 친애하는 학생 동지 여러분 그리고 국민의례



## 9부 증언, 나는 전교조에게 이렇게 배웠다 혹은 총정리

# 1부
# 식민지와 장기수

# 유리수, 무리수 그리고 장기수(長期囚)

정확한 명칭은 '전국교직원노동조합'이다. 약칭이 왜 '전교노'가 아니라 '전교조'인지는 잘 모르겠다. 추정하기로는 기껏 대학 나와서 그 어렵다는 임용고시 통과한 끝에 교사라는 배지를 달았는데 노동자 소리를 듣는 게 싫어서 그런 것 같다. 아니면 조직의 이름에서 '노동'이라는 뉘앙스가 주는 계급성을 드러내기 싫어서이든가.

그러니까 그 시작은 영화 '말죽거리 잔혹사'에서 권상우가 "대한민국 학교 다 좆구하라고 해!" 포효하며 교문을 박차고 나가 버린 지 딱 10년 후의 일이다. 더 이상 아이들에게 족구나 시킬 수 없다고 결심한 일단의 선생님들이 모여 1989년 5월 28일 전국교직원노동조합을 결성한 것이다. 하필 학교 다 졸업하고 나니까 이런 일이 생기네. 조금 억울했지만 후학들이라도 그 모진 교편(教鞭)에서 해방될 수 있다고 생각하니 그쯤은 얼마든지 용서할 수 있었다. 공부 못한다고, 집 가난하다고 무시하고 왜 촌지 빨리 안 가져오느냐 닦달하고, 아침에 와이프와 싸우고 나왔는지 손바닥 때릴 일에 무작정 손바닥을 휘두르는 감정의 시대는 가고 뭔가 학교에도 멋진 일이 생길 것 같았다. 졸업하고 우연히 만나 인사를 드렸더니 "누구세요?" 눈을 가늘게 뜨시던 선생님. "저 기억 안 나세요? 예전에 대걸레로…" 하다가 아, 이분에게는 내가 기타 등등의 존재였구나 서글픔이 밀려왔던 기억이 떠오르며 더더욱. 그런데 그게 아니었다. 아주 많이 아니었다. 실은 속은 거였다. 사기…?까지는 잘 모르겠다.

물론 족구 얘기는 웃자고 한 거다. 설마 우리의 존경하는 선생님들이 족구의 전성시대를 끝장내자고 그런 일을 벌이셨을까. 하여간, 진짜로 '감정의 시대'는 가고 '멋진 시대'가 올 줄 알았다. 그러나 감정의 시대를 이은 것은 '이념의 시대'였다. 결성 당시 불법이라 신분을 밝힐 수는 없었지만 당시 전교조 선생님들을 식별하는 것은 어렵지 않았다. 뒷자리에 앉아 꾸벅꾸벅 조는 아이들에게 유난히 친절하게 굴면 전교조일 가능성이 높았다. 대학이 인생의 전부는 아니란다 들판의 이름 없는 풀꽃들이 의미가 있는 것처럼 너희들도 다 소중한 존재야 같은 알쏭달쏭한 멘트를 날리면 백 프로. 20여년이 지난 지금 전교조는 합법이 되었건만 무슨 까닭인지 선생님들은 명찰 달기를 좋아하지 않는다. 대신 새로운 방식으로나, 전교조야 힌트를 준다. 수학 시간, 수(數)의 종류에 대해 선생님이 설명 중이다. "유리수는 분수로 표현할 수 있는 수이고 무리수는 분수로 표현할 수 없는 수란다. 그런데 너희들 혹시 비전향장기수라고 들어봤니? 모른다고? 어허, 그러면 곤란하지. 자, 지금부터 내가 자세히 설명해줄게 잘 들어 봐" 뭐 이런 식.

얼마 전 전교조 소속 초등교사가 김정일 훈시를 급훈으로 내걸었다. 몰랐다고 한다. 문제의 교사는 전교조 통일위원회에서 활동하면서 북한을 찬양하는 이적 표현물을 소지한 혐의를 받고 있다. '무심코' 고른 문구가 '어쩌다보니' 김정일의 훈시였고 '하필' 이적 혐의를 받고 있는 처지라 삼박자가 짝짝짝 맞아떨어지니 억울하기도 하겠다. 답답했던지 이 선생, 전교조에서 발간하는 '교단 일기'인가에서 발췌한 것이라며 변명에 살을 붙였다. 이런 걸 패착이라 부른다. 전교조는 대한민국에서 가장 교육 수준이 높은 노조다. 민노총의 브레인 역할을 하는 조직이다. '교단 일기'에 그 사실을 모르고 올려놓았다면 전교조가 바보라는 얘기밖에 안 된다. 문제의 급훈은 지금도 북한 전역에서 멋지게 휘날리고 있으니 말이다. 초등학교 학생들에게 애국가를 적어보라 했더니 100명 중 64명이 1절도 못 썼다고 한다. 부러 안 가르친 것이 아니기를 바라면서 남산 위의 소나무야, 미안해요 내가 대신 사과할게.

왕따에 일진에 학교는 정글을 넘어 지옥으로 넘어가는 중이다. 이 지옥에 전교조까지 가세해서 불을 때고 있다면 과장일까. 맞아서 멍든 상처는 바셀린으로 끝난다. 그러나 머리에 심어 놓은 사회에 대한 불만과 내 나라에 침 뱉기 연습을 통한 반민족 의식은 평생을 가면서 한 인간의 품성을 부정적으로 바꿔놓는다. 이런 게 진짜 '골'병이다. 애들에게 골탕을 먹이는 거다. 아이들은 밝고 명랑하게 자라야 한다. 우리가 그렇게 크지 못하였으니 더더욱.

이상, 대한민국 만세.

**세계일보**

2012년 04월 16일 월요일 031면 오피니언

## 초등학교 급훈으로 내걸린 김정일 어록

인천의 한 초등학교에 급훈으로 내걸렸던 김정일 어록이 지난 1월 공안당국에 압수됐다고 한다. '오늘을 위한 오늘을 살지 말고, 내일을 위한 오늘을 살자'는 어록이다. 북한 김정일 국방위원장이 1996년 1월14일 조선노동당 중앙위원회 책임일꾼들에게 한 말로, 지금도 북한 전역에 걸려 있다.

어록이 나온 90년대 중반은 북한 주민 수백만명이 영양실조에 시달리고 굶어 죽은 이른바 '고난의 행군' 시기다. 당시 평양 권력층은 민심 이반을 막기 위한 선전책략의 일환으로 황당한 말잔치를 벌였다. 어록 행간에는 수백만명의 삶과 죽음, 그리고 절박한 애환의 그림자가 드리워져 있는 것이다. 어록은 결코 평범한 경구일 수 없다. 눈물도, 양심도 찾을 수 없는 북 권력집단의 실체를 고발하는 증거물이다.

우리 새싹들이 자라나는 초등학교 교실에 그런 무책임한 김정일 어록이 급훈으로 내걸렸다는 것은 섬뜩한 일이다. 전교조 인천지부 소속인 최모 교사는 "김정일이 한 말이라는 것을 전혀 몰랐다"고 주장한다. 전교조에서 발간하는 '교단일기'나 '교단표어'라는 책자에서 보고 마음에 들어 채택했다는 것이다. 당국은 진술의 진위, 나아가 전교조 책자에 어록이 실린 경위 등을 명확히 파헤치고 책임도 물어야 한다.

당국이 급훈 문제를 알게 된 것은 1월 최 교사의 국가보안법 위반 혐의를 수사하면서였다고 한다. 이때 확보한 압수물에서 북한을 찬양하는 이적표현물이 다수 발견됐다. 최 교사 등 전교조 교사 3명에게서 압수한 문건 중에는 전국연합이 2001년 9월 채택한 '9월 테제' 관련 내용도 들어 있다고 한다. 북한 연방제 통일방안을 추종하는 지침이다. 전교조 장악 계획을 담은 문건도 없지 않다. 전교조가 어디로 가는 것인지 걱정이 안 될 수가 없다. 철저한 수사를 촉구한다.

# 대한민국, 나라도 아닌 게

일단 전교조의 역사, 현실 인식을 보자. 그들은 기본적으로 '우리 사회가 미국에 군사권, 경제권, 교육 주권까지 빼앗긴 미국의 식민지'이고(2006. 12. 전교조 홈페이지) '정부는 반공의 깃발 아래 살아남은 군국주의자들과 친일파들이 장악한 미국의 꼭두각시 정부'(2004, 교사 소모임 운영 사례+2002, 전교조 전남지부)라고 주장한다. 이상하네. 2002년이면 전교조에게 친절했던 김대중 정부 시절인데 왜 꼭두각시 정부라고 말했지? 그리고 2004년이면 노무현 정부 시절이고. 혹시 한미 FTA를 추진한 것이 미워서? 하여간 이런 식의 대한민국에 대한 모략적인 논지가 대략 전교조 광증(狂症) 교육의 핵심이다. 21세기에 식민지라. 우리나라가 식민지라면 다음과 같은 해석이 가능하겠다.

'한국은 미국의 식민지인데 현재 겁대가리 없이 전 세계 이동통

신기기 시장을 놓고 애플과 경쟁하고 있으며 식민지 주제에 '강대국형 고도산업구조'를 가진 독특하고 이상한 식민지다. 심지어는 한류라고 하는 문화 흐름까지 전세계 문화의 바다로 흘려보내고 있는 매우 독창적인.'

이 대목에서 한번 살아보겠다고 난리치는 아시아, 아프리카의 개발도상국들에게 물어보자. 여러분, 식민지의 정의가 위와 같아요. 자 그럼 식민지 되고 싶은 나라 손드세요. 저요, 저요, 저요. 난리가 난다. 당장은 요 정도만 하자. 그런데 대체 강대국형 고도산업구조란 뭘까. 이건 꼭 알고 가야 한다.

간단히 말해 총체적으로 잘나가는 나라들의 공통점이다. 그들이 추구하고 영위하는 산업이다. 나열하면 전자, 전기, 반도체, 철강, 조선, 자동차, 석유, 화학 산업인데 이거 다 가진 나라는 영국, 프랑스, 미국, 독일, 이탈리아, 일본, 러시아 정도다. 이중 영국, 이탈리아, 러시아가 최근 이 대열에서 탈락했다. 우리나라는 제2차 대전 이후 유일하게 진입한 나라이다. 누구 덕분일까. 5·16 50주년 기념극인 '한강의 기적'에 이런 대사가 나온다.

박정희 : 이봐, 임자 생각해 봤는데 우리도 근대화를 해야겠어.

비서 : 넵, 알겠습니다 (잠시) 근데 각하 근대화가 뭐죠?

박정희 : 나도 몰라.

죽인다!!! 연극을 보던 나는 무릎을 쳤다. 박정희의 대사 "근대화? 나도 몰라"에 대한민국이라는 나라의 화려한 성장사의 비밀이 들어있었다(가끔 어떤 인간들은 경상도 사람인 박정희가 '군대화'라고 말했는데 발음이 나빠 졸지에 '근대화'가 되었다고 주장하기도 한다). 그는 몰랐다. 같이 하던 사람들도 몰랐고 따라가던 국민들도 몰랐다. 당시 우리가 얼마나 기가 막힌 선택을 했던 것인지. 그 결과가 지금의 대한민국이다.

한 세대가 '구루마'에서 KTX까지를 다 타보는 일은 절대 쉬운 일이 아니다. 한동안 무지하게 약발 먹혔던 앨빈 토플러의 '미래쇼크'라는 책을 보자. 인류 생존의 5만년을 대략 62회의 생애로 나누면 대략 800회의 생애가 된다. 이중 650회의 생애를 동굴에서 보냈다. 최근 70회의 생애에서 세대를 넘어 문자로 커뮤니케이션을 했으며 일반 대중이 인쇄된 매체를 보게 된 것은 마지막 6회째 생애에서였다. 그리고 오늘날 우리가 사용하는 일상화된 물건들은 대부분 마지막 800세대에서 개발된 것들이다. 대한민국은 1950년대 이후인 801번째 세대에서 다른 나라에서 1대부터 800세대까지 이룬 모든 것을 한꺼번에 달성했다. 그래서 감히 이 나라를 '기적'이라고 부른다.

첫 공정한 척 하더니 또 박정희 찬송가네 시비 거는 분 계실 거다. 박정희 전 대통령에 대한 소생의 잠정적인 평가는 '개발독재'

다. 개발하면서 독재를 한 것은 다행이었다고 생각한다. 비슷한 시기 아시아, 아프리카의 집권자들은 독재를 하면서 가끔 생각나면 개발을 했다. 우선순위가 달랐다는 얘기다. 그래서 6~70년대 아시아, 아프리카의 집권자들은 나라와 함께 몰락의 길을 걸었다. 왜 잠정평가라는 표현을 썼느냐 하면 그 시대를 논하기에 아직 시간이 부족하기 때문이다. 그 시대에 구체적으로 몸으로 얽힌 사람들이 다 가고 없어야 객관적인 평가가 가능하다. 한 100년 정도 생각하는데 그렇다면 이제 50년 쯤 남은 셈이다. 참고로 세계 정치학자들이 꼽는 모범적인 '위로부터의 혁명'은 모두 다섯 개다. 일본의 메이지 유신, 터키의 케말 파샤, 이집트의 나세르, 페루의 벨라스코, 그리고 한국의 박정희(5·16).

박정희에 대한 또 다른 비판에는 이런 게 있다. "경제 부흥은 이루었다 치자. 거기까지는 인정하겠는데 그게 왜 박정희가 한 일이냐, 일반 민중들이 죽어라 일한 덕분이지. 경부고속도로 박정희 혼자 놨냐?" 얼핏 그럴 듯하다. 이들에게 되묻는다. 그럼 월드컵 4강 진출한 거 가지고 왜 히딩크 칭찬인가. 골을 넣은 것도 아니고 골을 막은 것도 아닌데. 이제 그만 박정희를 놓아주자, 라는 글을 읽은 적이 있다. 조금 수정해서 이렇게 말하고 싶다. 이제 그만 우리의 '아버지들'을 놓아주자. 언제 끝날지 모르는 일제시대에, 갑자기 찾아온 해방에, 강대국 입김에 끼어 좌우 갈등에, 난데없는 동족상잔에 우리 아버지들이 정상적인 삶을 영위하기에는 도대체가 불가능한 상황이었다. 안 잡힐 발목이 없다. 대체 언제까지 난처했던 과거로 단죄와 가격(加擊)을 계속할 것인가.

박정희 대통령에 대한 또 하나는 빼놓지 말아야 하는 업적은 그가 민주주의는 밥을 먹고 자란다는 사실을 알려준 것이다. 민주주의가 무슨 흡혈귀도 아니고 왜 피를 먹고 사나(초반에 피를 먹고 출발할 수는 있겠다). 그러나 구체제를 무너뜨리는 것은 배가 부르고 욕구가 고급해진 민중인 것이다. 개발을 하면서 독재를 했다. 중산층이 발생했다. 이제 가난은 끝났으니 할 말 다해가면서 인권도 누리면서 좀 우아하게 삽시다, 해서 터진 게 부마사태다. 박정희는 자신의 몰락과 민주주의를 스스로 잉태하고 있었던 셈이다. 거지에게 민주주의는 없다.

그 동안 북쪽에서는 무슨 일이 있었나. 남쪽을 반짝 앞섰던 60년대를 끝으로 침몰하는 중이다. 북한의 현실에 잠시 눈을 돌려보자. 먹고 살기가 바쁘니까 아니 힘드니까 체제전복 같은 거 꿈도 못 꾼다. 한 톨의 쌀이 자유나 진실보다 강한 사회인 것이다. 북한 민주화를 경제발전 이후로 확신하는 것도 그런 이유다. 예를 들어 북한이 화폐 개혁을 했을 때 반발이 엄청났다. 숨겨놓은 화폐들이 휴지로 변할 위기에 처하자 그것을 모아놓았던 사람들이 노골적으로 저항했다. 오죽하면 계획 입안, 집행자를 공개 총살해서 인민들의 분노를 무마했을까. 또 있다. 장마당을 폐쇄하자 아녀자들이 보위국원들의 멱살을 잡고 난리를 쳤다. 예전 같으면 꿈도 못 꿀 일이다. 아무리 멱살이 남에게 모욕을 당하기 위해 옷섶에 달고 다니는 것이라고는 하지만 감히 보위국원의 멱살을 잡다니. 북한 아줌마들이 유난히 드세서 그런 거 아니다. 3대 세습을 하건 미사일을 쏘건 그건 지금 북한 인민들에게는 별 관심 없는 얘기다. 그러나 내 가족의 밥그릇에 손을 대거나 이익을 훼손하면 그땐 바로 생존권 싸움으로 발전한다. 생존권에 안정이 생기면 그때 비로소 자유와 인권을 따지게 된다. 이게 민주주의가 자라는 순서이고 방식이다.

그런데 그런 나라가 좋다는 사람들이 있다. 등본은 남쪽에서 떼면서 진짜 조국은 북쪽이라고 생각한다. 아예 출산일에 맞춰 평양에 가 아이를 낳고 오는 아줌마도 있다. “궁지에 빠져들 때마다 반(反)공화국모략사건조작으로 숨통을 부지해오던 보수패당이야말로 가증하기 짝이 없는 패륜아 집단이다”라는 북한의 방송을 그대로 리트윗한 뒤 “대신 사과드린다” 며 자신의 생각을 덧붙이는 국회의원도 있다. 망해서 국민이 탈출하는 나라에 대해 죽어라 호감을 표명한다. 어떻게든 좋은 점을 발굴하려고 난리다. 이런 고고학적 노력은 북한을 다녀온 386들의 발언에서 잘 드러난다. 대한민국 70년대 서울 변두리 풍경 앞에서 이런다. “이게 사람 사는 맛이죠.” 거칠고 못사는 황야가 그들에게는 사람 사는 동네로 보이는 모양이다. 이들의 논리는 이렇다. 신자유주의로 전국민이 무한 경쟁에 돌입해서 비인간적으로 메말라가는 남한사회보다는 그래도 인간적인 정이 남아있는 북한이 낫다는 얘기다. 그럼 가세요, 라는 말 안하겠다. 안 갈 게 틀림없으니까. 방북을 전문으로 하는 어떤 목사는 그럼 가서 사시죠 하니까 그건 싫다고 솔직히 대답했다. 모르겠다. 솔직한 건지 간악한 건지.

이제 본격적으로 소생을 '열폭'시킨 일을 소개하겠다. 이른 바 '막가파 종친 쌤'에 대한 이야기다. 부평 여고 국어 교사인 신모씨가 쓴 자작시 '대한민국'인데 일부만 옮겨보자.

대~한민국 · 1

백주 대낮에
그냥 길을 걸어가다가
남의 나라 장갑차에 깔려 죽는 나라,
대~한민국.
앞서거니 뒤서거니
친구 생일 잔치 가던 우리 딸 효순이, 미선이
둘이 한꺼번에
미국 놈 장갑차에 깔려
두개골이 부서지고
내장이 터져서 죽는 나라,

대~한민국.

나, 초등학교 졸업장 밖에 없어요,

내가 딸의 영전에 향을 피워야 합니까, 꽃을 바쳐야 합니까,

절규하는 아버지에게 아무 것도 해주지 않는 나라,

대~한민국.

그러고도 아무 잘못 없다고,

사고를 낸 미군은

영내에서 정상적으로 잘 생활하고 있다고,

방송에 나와 떠들어대도 아무렇지도 않은 나라,

대~한민국.

(중략)

태어난 게 너무 재수 없는 나라,

대~한민국.

나라도 아닌 나라,

대~한민국

아 씨발,

대~한민국.

시로서의 완성도는 논외로 치자. 태어난 게 재수 없고 나라도 아니라고? 아니다. 앞서 말한 대로 대한민국은 무척이나 운이 좋고

위대한 나라다. 호모 사피엔스라는 종이 출현한 이래 이렇게 단기간 살기가 좋아진 나라는 역사상 처음이다. 1960년대 대한민국의 1인당 국민소득은 79달러였다. 필리핀은 254달러로 당시에는 우리가 쳐다보기도 힘든 선진국(?)이었고 북한, 태국, 버마, 베트남, 캄보디아도 우리 위에 있었다. 오죽하면 4·19때 '북한과 통일하여 배고픔을 면해보자'는 구호까지 등장했겠는가. 세상일이라는 게 고루 다 얻을 수는 없다. 비약적인 발전을 해 나가는 동안 과오도 있었고 인권도 제 대접을 받지 못했다. 그렇다고 4·19 이후 민간 정부가 들어섰으면 민주주의는 민주주의대로 발전하고 경제 성장도 별 지장 없었을 것이라는 이야기는 제발 하지 말자. 일단, 성장과 풍요가 민주주의의 싹을 틔운다는 정답이 아니더라도 역사에서 가정만큼 한심한 측량법은 없다. 그것은 100% 그것을 반대하여 이익을 얻는 사람들이 혹세무민을 위해 동원하는 논리일 뿐이다. 우리는 운이 좋았고 그 혜택을 누리고 있다. 그건 그것대로 받으면서 불평은 불평대로? 인간이 그런 식으로 살아서는 곤란하다. 염치라는 말은 그래서 있다. 이 쌤에 대해 좀 감정적으로 말하자면 나도 대한민국이 싫다. 댁 같은 인간하고 같이 호흡하고 산다는 게 싫어서 이 나라까지 싫어질 지경이다. 이렇게 남한에 대해서라면 경기를 일으켜가며 혐오하면서 북한이라면 좋아 미친다. 어떻게 미쳤는지 그 생생한 현장을 살펴보자.

# 이 한 몸 기꺼이 '변절자'가 되어

죄송하지만, 여러분 변절자 맞습니다. 허기 좀 지다고 조국을 버리고 중국으로 동남아로 빙빙 돌아 남쪽으로 오다니요. 배고픈 게 그리 못 참을 일인가요. 오늘도 남쪽의 젊은 여성들은 자기 의지로 밥을 굶어요. 멋진 몸매 자랑하고 맵시 나게 옷 입고 싶은 욕심에 그래요. 사람은 이렇게 목표가 있어야 해요. 여러분이 굶은 대가로 북한은 핵을 개발하고 전체 인민의 1년치 식량에 해당하는 옥수수를 발사 비용으로 멋지게 날려 보냈잖아요. 실패했으면 허리띠 더 졸라매고 성공하는 그날까지 자발적으로 식사량을 더 줄여야 하는 거 아닌가요. 조금만 더 굶주림을 참으면 미제와 괴뢰 남조선의 심장에 미사일을 발사하고 남조선 인민들을 해방시킬 수 있는데 말이에요. 멋있게 보이고 싶다는 이기적인 욕심으로 굶는 것에 비하면 조국을 위해 대의적으로 굶는 것, 이 얼마나 우아하고 멋져요. 그리고 하루 이틀 굶은 것도 아니잖아요. 수십 년 대(代)를 이어 굶었으면 슬슬 유전자에 변화가 생겨 이제는 상쾌하게 굶을 수 있는 몸으로 거듭날 때도 되지 않았나요.

인내심 부족도 문제예요. 반세기 전 약속이라 가물가물하시겠지만 이제 곧 밥상으로 쌀밥에 고깃국이 올라온다는데 그걸 못 참다니요. 그리고 여러분이 잘 몰라서 그러는데 쌀밥과 고깃국 몸에 별로 안 좋아요. 이미 남쪽에서는 생식이니 채식이니 북한식 식생활을 따라 하는 거 모르세요.

여러분은 툭하면 자유를 찾아 남쪽으로 왔다고 말해요. 소생이 볼 때 진짜 문제는 그거예요. 여러분은 어버이 수령님이 하사한 '사회적 생명'을 감히 마다하고 '자유'를 선택한 거죠. 북에는 뭐 자유가 없나요. 평화롭게 들판에서 토끼풀을 뜯어먹을 자유와 쓰레기통을 뒤져 골라 먹을 수 있는 자유가 있잖아요. 그뿐인가요. 반체제 운동의 자유도 있다고 들었어요. '소금조'라는 조직의 저항 활동은 딱 삼단계라고 하데요. 일, 차를 타고 공중전화기가 있는 곳에 내린다. 이, 무작위로 아무 번호나 누른 뒤 김정일 욕을 한다. 삼, 전화를 끊고 바로 도망친다. 하하, 그렇게 소극적으로 반항해서 씨알이나 먹히겠어요. 네? 북한에서 반체제 운동을 하다 걸리면 일가족이 몰살당한다고요? 사돈의 팔촌까지 죄다 강제 수용소로 끌려간다고요? 음… 그럼 그건 안 하는 게 좋겠네요.

하여간 그래서, 여러분 변절자 맞아요. 남쪽에도 변절자들 많아요. 북쪽에 대한 허황된 소문에 홀렸다가 돌아섰고 1994년부터 2001년까지 '고난의 행군' 당시 200만 명 이상이 굶어 죽었다는 사실을 듣고 돌아선 사람들이에요. 여러분이 배고픔과 자유 때문에 변절자가 되었다면 이들은 정직하기 때문에 변절자가 되었어요. 중요한 걸 깜빡했네. '변절'이란 단어가 긍정적인 의미로 쓰이는 예외적인 경우가 있는데 바로 '김씨 왕조의 변절자'랍니다. 원인 제공자가 같으므로 두 변절자는 '동무'이자 '친구'네요. 그러니까 여러분에게 막말을 해댄 국회의원에게 술을 끊는 게 좋겠다는 의학적 처방을 내린 하태경 의원은 여러분의 친구예요. 여러분에게 막말을 해댄 23년 전 방북 여대생에게 분노하는 건강한 대한민국 국민들도 그래서 여러분의 친구예요. 아, 물론 저도 기꺼이 변절자가 되어 여러분의 친구가 되어 드릴게요. 그러니까 외롭다고 생각하지 마세요. 그리고 대신 사과할게요. 아참, 국회의원에게는 가급적 '개기지' 마세요. 많지는 않지만 그게 벼슬인 줄 아는 분들이 종종 있답니다.

* 탈북자를 새터민이라고 부르는 사람들이 있다. 참으로 잘못된 발상이다. 새터민이라는 단어에는 '탈북'의 처절함과 정치적인 함의가 빠져있다. 탈북자가 불편하다면 '탈북동포'도 나쁘지 않겠다.

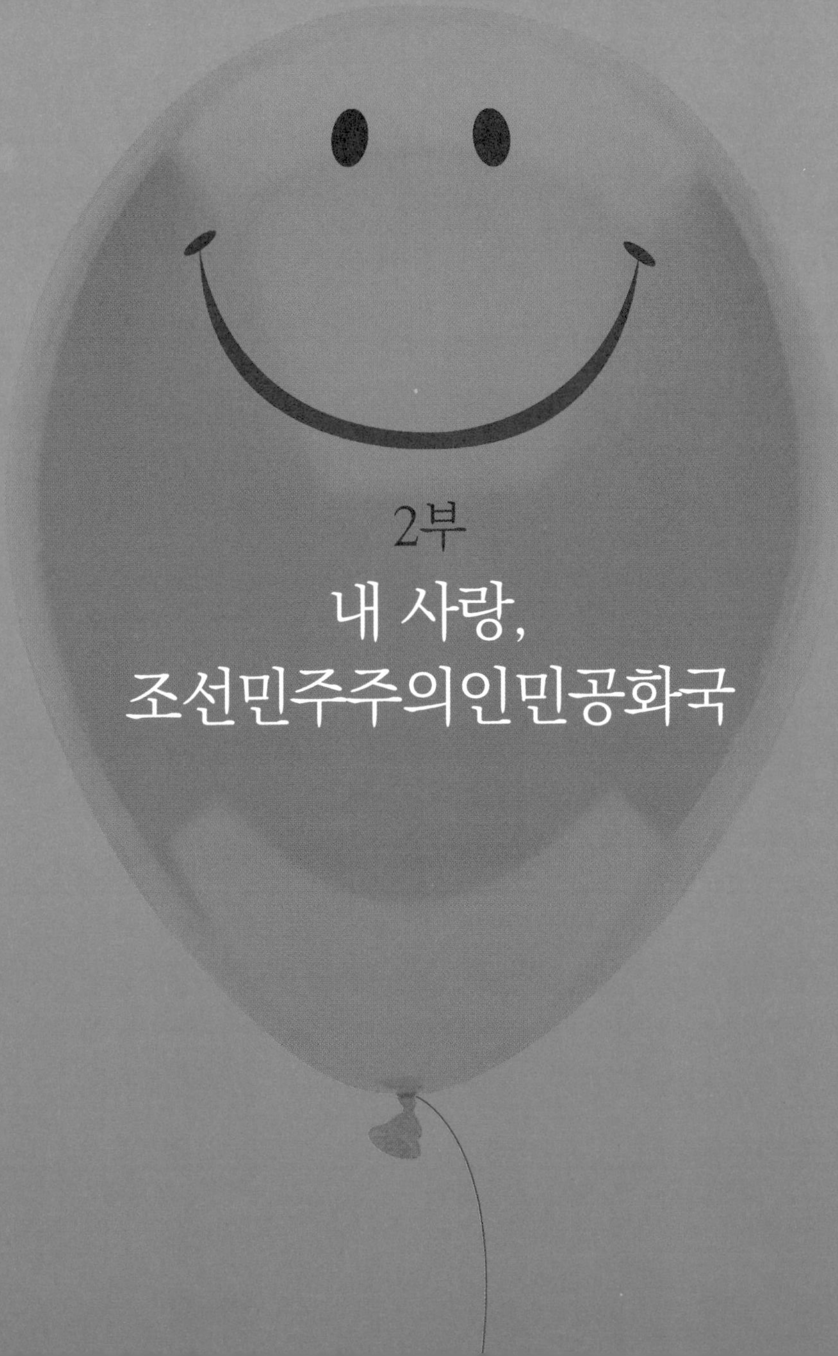

# 2부

# 내 사랑,
# 조선민주주의인민공화국

# 전교조의 종북 코미디 1
## -아저씨는 통큰 싸나이

종북 세력이 당당하게 국회에 입성했다. 평균적인 대한민국 국민의 정서와 완벽하게 무관한 사고를 가지고 평생을 살아오신 분들이다. 왜 종북하냐고 물었더니 진짜 문제는 종북이 아니라 종미라는 생뚱맞은 발언에서 할 말을 잊는다. 아, 이 사람과 나는 별개의 세상에 살고 있구나. 해서 그 어떤 논리로 타박해도 그는 얼굴 붉히거나 무안해하지 않겠구나. 그러나 소생이 아는 친북, 종북의 진짜 절정은 따로 있다. 지목받고 있는 그 어떤 종북 세력도 이런 과감한 '북한 사랑'을 공개적으로 표시한 적이 없다.

김정일 국방 위원장은 독재자, 호색한이라는 왜곡된 믿음은 어디서 기인한 것인가? 우리 아이들의 굴절된 통일의식에 대한 책임은 전적으로 교육자의 몫이다.

–전교조 서울지부 통일국 발행 통일 파발마 제 3호, 전교조 서울지부 지도자문위원 윤모 씨의 글 2001. 5. 12

아마도 기쁨조 때문에 김정일이 호색한으로 몰리는 것을 안타까워서 한 발언 같다. 그래서 이렇게 가르쳐야 한다고 주장한다.

김정일 국방위원장은 영화, 연극, 음악에 관심이 많았으며 탁월한 능력을 보여주었다. 김총비서의 IT 분야 실력은 뛰어난 것으로 알려져 있다.

–북한 바로 알기 통일 ○×퀴즈, 2001년 6·15 공동선언 이해와 김정일 국방 위원장 답방 환영을 위한 통일 자료집

김정일이 영화광이라는 사실은 널리 알려져 있다. 그의 개인 필름 보관실은 아카이브 수준을 뛰어넘어 박물관에 육박한다. 구전으로만 남아있는 남한 영화의 필름도 다수라고 한다. 그런데 그게 어쨌다는 얘기인가. 혹시 영화, 연극, 음악에 관심이 많으면 휴머니스트라도 된다는 논리인가. IT실력이 뛰어나다는 얘기는 또 뭐지? 그 스스로 기본 프로그래밍 정도는 한다는 얘기인가 아니면 IT 산업에 대한 이해가 높아 그 쪽으로 많은 관심을 기울인다는 얘기인가. 그렇다면 북한이 세계 최강의 크래커(해커의 반대말로 악의적으로 남의 컴퓨터 시스템을 작살내는 음지 활동가들) 공화국이라는 사실도 그 영향? 하여간 뭐든 학생들에게 김정일에 대한 우호적인 정보를 주고 싶어 미치겠다는 간절함만은 와 닿고도 남

는다. 그래서 다음 단계의 홍보(?)는 이렇게 전개된다.

> 김정일 국방 위원장 답방의 의의를 알고 이를 환영하는 태도를 갖는다. 답방 환영 플래카드 만들기 : 김정일 위원장 답방을 환영하는 문구는 어떻게 하는 게 좋을까. 반갑습네다. 김정일 국방위원장 아저씨!
>
> –6·15공동선언 이행과 김정일 국방위원장 답방 환영을 위한 통일 자료집, 전교조 인천지부 통일국, 2001년.

남한의 학생들이 혹시라도 김정일에 대한 거부감을 느낄까 봐 호칭까지 직접 골라주고 있다. 아저씨. 배 나오고 분위기 파악 못하는 남한 4~50대를 이를 때의 그 '아저씨'가 아니고 용례도 다르다. '옆집 아저씨', '쌀집 아저씨', '톰 아저씨' 등에서 느껴지는 아저씨다. '옆집 아저씨'는 영화 '아저씨'의 의협심 넘치는 원빈 이미지, '쌀집 아저씨'는 모 TV프로그램을 진행하는 털털한 PD의 이미지, '톰 아저씨'는 격의 없는 모습으로 친근감을 준 톰 크루즈의 이미지다. 거기에 슬그머니 김정일을 끼어 넣고 있다. 결론은 이렇게 낸다.

> 김정일의 통치 스타일은 어떨까. 통이 크고 배짱이 있는 김정일. 북한에서는 김정일의 정치를 '통이 큰 정치'라고 한다. 북한에서 말하는 김정일의 광폭 정치, 인덕 정치는 일종의 선심 정치이다. 김정일의 사람 다루는 솜씨가 뛰어나다는 것은 김일성 전주석도 인정한 바 있다.

– 2001년 처음으로 읽는 통일 교과서

통이 크고 배짱이 있는 정치 스타일이라. 비행기를 폭파하고 천안함을 폭침 시키고 연평도 주민들을 향해 포격을 하는 것이 통이 큰 스타일인가. 핵무기 하나 믿고 툭하면 배 째라 드러눕는 것이 배짱인가. 혹시 통이 작고(한번 쌀을 퍼 주기로 했으면 계속 줘야지 남북 관계가 조금 경색됐다고 즉각 중단하거나) 배짱이 없는(적이 공격할 때까지 참고 있다가 맞고 나면 그때부터 싸워라, 따위의 황당한 교전 수칙을 남발하는) 남쪽 지도자들을 빈정거린 것인가. 사람 다루는 솜씨가 뛰어나다는 것은 일부 인정한다. 짜증나지만 김대중, 노무현 두 사람의 사례가 이를 증명하니까. 정리하면 대략 이렇다. 통이 크고 배짱이 있으며 예술을 사랑하고 첨단 IT에 밝은 아저씨! 이렇게 교육 받은 아이들과 나중에 만나면 어떻게 대화를 풀어가야 할까. 솔직히 안 만나고 싶다. 두렵고 무섭고 이야기 하다보면 신경질 나서 시쳇말로 '열폭'할 것 같다. 그러나 전교조는 마냥 즐거운 모양이다.

북한의 지도자가 생각했던 것보다 훨씬 인간적이며 능력도 있다라고 인식이 바뀌어 지기도 하였다. 김정일 국방위원장의 서울 방문은 통일이 어떻게 세상을 뒤집어 놓는지를 확연히 인식하는 결과가 될 것이다.

–6.15공동선언 이행과 김정일 국방위원장 답방 환영을 위한 통일 자료집, 전교조 인천지부 통일국, 2001년.

축하한다. 물꼬를 텄으니 본격적인 친북 찬양가를 부를 차례다. 이번에는 '아저씨' 못지않게 훌륭한 그의 '아버지' 얘기다.

> 또 하나는 주체사상에 관한 것인데, 이 점은 우리가 김일성 주석(내가 생각하기에는 남에서는 김일성 장군으로 호칭하는 것이 더 옳다고 본다)을 어떻게 생각하느냐에 따른 것이다. 이 부분은 우리가 역사왜곡 시켜놓은 것부터 바로잡아야 한다. 우리는 김일성 장군에 대한 왜곡을 바로 잡으면서 전체적으로 역사가 바로잡히리라 생각한다.(중략) 김일성 장군이 누구인지 아이들은 잘 모른다. 그것은 박정희나 전두환을 모르는 것과 같다. 적어도 항일투사로서의 김일성 장군을 알려줘야 할 필요가 있다.
>
> –통일시대 민족통일 교육 정립을 위한 '우리민족의 진로와 금강산이 여는 길' 토론회(2차), 전교조 홈페이지 참교육연구소 사이트내, 2005. 6.14

인용처가 없었다면 아마 믿지 않으셨을 것이다. 하긴 소생도 눈으로 보기 전에는 설마 했으니까. 그러니까 논지는 이런 거다. 김일성의 위대함에 대해 가르쳐야 하는데 그 이유는 '아이들이 김일성 장군을 모르는 것은 박정희나 전두환을 모르는 것과 같기 때문'이며 이 때문에 항일 투사로서의 김일성 장군 교육이 시급하다는 얘기다. 그런데 고개가 갸우뚱해진다. 전교조는 왜 하필 자기들이 자다가도 이를 갈고 '기스' 내지 못해 발을 동동 구르는 박정희와 전두환을 그 예로 들었을까. 이 문장을 그대로 해독하면 이런 뜻이 된다. '우리는 김일성에 대해 잘 모르고 아이들에게 가르치지도 못했다. 그래서 제대로 가르쳐야 한다. 김일성은 독재자였고 학살자였으며 인민의 삶을 죽음의 구렁텅이로 몰아넣은 범죄자다'. 눈 밝은 북쪽 당국자라면 아마 이 점을 호되게 질책하였을 것이다. "이보시오, 전교조 동무들. 갈다 붙이려면 이순신이나 세종대왕 정도는 돼야지 하필 독재자 박정희에 살인마 전두환이란 말이오. 총화 때 제대로 반성하시오." 애초의 취지는 그게 아니었다고요? 그럼 빨리 바로잡으시든가.

아참, 전교조는 대체 김정은에 대해서는 또 뭐라고 칭송을 올릴까. 어린 나이에도 불구하고 너끈하게 공화국을 다스리는 당찬 청년? 북한이 자랑하는 식으로 대포의 달인? 탄탄한 주체 의식 속에서 개방을 추구하는 개혁주의자? 뭐래도 상관없지만 소생이 이제껏 김정은에 대해 들은 것 중 최고는 김제동의 인물평이다. "처음 보고 텔레토비인 줄 알았어요."

이상, 대한민국 만세.

# 전교조의 종북 코미디 2
## -종북 전교조 북한을 가다

전교조는 2002년 통일위가 중심이 되어 '6·15 교사 실천단'을 조직, 회원 3,000여명이 북한 교육 돕기 활동 명목으로 교과서용 종이, 교실용 TV 지원 및 창덕중학교 보수 공사 건축 자재지원 등 매년 1억 5천만원 정도를 지원하고 반전 평화활동을 전개했다. 이것을 바탕으로 전교조는 남북교육교류를 추진해왔고 그 결과로 북한 유람길에 오른다. 2003년 7월 29일부터 이틀간 평양에서 전교조와 북한 '조선교육문화직업동맹'이 남북교직원상봉모임을 개최했다. 2004년 7월 20일에는 금강산에서 전교조, 교총이 북한 '조선교육문화직업동맹'과 '6·15 공동선언 실천을 위한 남북 교육자 통일대회'를 개최했다. 하나같이 이름이랑 명칭이 참 길기도 하다. 상봉 모임과 대표자 회의는 2007년과 2008년에도 개최되었다. 자, 이 분들의 애국 활동(참고로 여기서 애국은 대한민국을 사랑하는 것이 아니라 북한을 사랑하는 애국이다)을 살펴보자. 대체 북한에 가서 무엇을 하셨을까 그리고 돌아와서 무엇을 침 튀겨 가며 칭찬했을까.

> 북쪽 사람들을 만나 많은 이야기를 나눈 것이 기억에 남습니다. 항상 개인보다는 집단과 전체를 먼저 내세우는 그들을 보면서 북이 어려운 경제 상황을 극복해가는 힘의 원천이 뭔지 새겨보게 됐습니다.
>
> -오늘 수업은 평양 단고기 요리, 평양민족통일축전 다녀온 영산고 이모 교사, 민족 21, 2001. 10. 1

인류의 역사는 한 사람의 안녕이나 집단의 이익보다 한 개인 각자의 삶이 더욱 소중하다는 것을 증명하고 이해시키기 위한 끊임없는 약진의 기록이다. 중세는 암흑이었다. 신에 대한 찬양만이 유일하여 암흑이 아니다. 인간이 하나의 절대적인 가치 단위로 존중받지 못했기 때문에 암흑이다. 중세 이전은 더 끔찍했다. 로마인들은 사람이 사용하는 도구를 세 가지로 구분했다. 소리를 내지 못하는 도구, 소리는 내나 의사소통이 안 되는 도구, 소리를 내고 의사소통이 되는 도구. 인간이 인간의 지위를 획득한 것은 18세기에 들어서다. 집단에서 수많은 개인이 출현하게 된 것이 바로 문명이다. 그런데 역사와는 반대로 가는 북한을 보고 이 아나크로니스트(시대착오주의자) 선생님은 너무 훌륭하여 가슴에 새긴단다. 정상적인 사람은 이 대목에서 가슴을 쳐야 맞다. 한편 전교조 통일위가 2001년 발간한 '이 겨레 살리는 통일' 책자에 따르면 북한에 대해 "자존심의 나라라 할 정도로 가난해도 굽히지 않고 산다는 정신이 강하다"고 적고 있다. 가난해도 상관없다. 고개만 꼿꼿하면 된다. 뭘 해도 다 예쁘게만 보인다. 고슴도치 빰치는 전교조의 북한 사랑이다.

> 한 사람 한 사람의 몫이 정확히 나눠져 있고 자기에게 배당된 것 이외에는 절대로 욕심을 내지 않는 사회주의적 사고와 태도가 몸에 배어 있는데 반해, 자기 몫을 다 먹고도 분명히 다른 사람의 몫인 줄 알고 있음에도 욕심을 낸 남쪽의 모습이 은연중에 드러나는 순간이었다.
>
> -평양 유적지 방문 및 아리랑 공연 참관기. 전교조 인천지부 초등동부지회장 함모씨, 2005. 9. 30

'모든 길은 모스크바로 통한다'라는 저서로 유명한 맥클루어스 매거진의 편집자였던 링컨 스테펀스(1866-1936)는 막 출범한 소련을 견학하고 와서 이렇게 말했다. "나는 미래를 다녀왔습니다. 제대로 효과를 발휘하는 미래를." 그가 다녀온 스탈린 치하의 소련은 피비린내 나는 농민학살을 마친 직후였다. 두 가지 추론이 가능하다. 사람은 보고 싶은 것만 본다. 혹은 뭐의 눈에는 뭐 밖에 안 보인다. 2차 대전 후 유럽의 지식인들은 소련의 서라운드 스피커였다. 그들은 자유 진영을 지옥으로 묘사했고 소련을 찬양했으며 그 동토의 땅에서 벌어진 일에 대해 '불가피한 폭력'이라고 명명하며 학살을 정당화했다. 이들과 함모씨가 뭐가 다른지 모르겠다. 보고 싶은 것, 듣고 싶은 것만 듣는 이 병증은 다른 방북 전교조에게서도 얼마든지 찾아볼 수 있다.

> 만경대는 김일성 주석이 태어나서 어린 시절을 지낸 곳인데 전교조는 만경대 혁명사적관, 만경대 고향집 순서로 참관을 하게 되었다. 안내원 설명에 의하면 해방 후 김구 선생이 이 집을 방문했을 때 김일성 주석의 조부모님은 여전히 농사를 짓고 계셨다고 한다. 이상하게 생각한 김구 선생이 "손자가 수령인데 왜 농사를 짓고 계십니까? 라고 묻자 "내가 계속 농사를 지어야 수령님이 조국 농사를 잘 지을 수 있지 않겠소"라고 답했다고 한다. 짧지만 많은 것을 생각하게 만드는 일화인 것 같다.
>
> -남북교육자 상봉행사를 다녀와서, 전교조 제7회 참교육실천대회 통일교육분과자료집, 2008. 1.

그러니까 이 분도 남한이 너무 싫은 것이다. 친일파가 득세하고 군인이 민간인의 가슴에 총질을 하고 재벌이 민중의 고혈을 짜내고 오로지 부정과 부패로 일관하는 나라가 남한이기 때문에, 그렇게 믿고 있기 때문에 김일성 조부인 김보현의 일화가 가슴에 절절하게 와 닿는 것이다. 게다가 김보현이 누구인가. 북한당국의 주장에 의하면 조선조 말기 대원군 시절에 발생한 미국 상선 셔먼호 사건에서 반미 투쟁을 주도한 인물이다(혹시 가훈이 반미?). 당연히 청빈과 담백으로 살았던 남한 초대 대통령과 국산 자동차를 처음 만든 기업 총수의 치열한 삶은 안중에 없다. 어차피 미국의 식민지 마름이나 다름없는 것들이거나 노동자를 착취해 제 배를 불린 악질 자본가니까 좋게 봐 줄 가치조차 없는 것이다. 미덕도 사람에 따라 달라지는 모양이다. 또 다른 소감이다.

> 아리랑 공연은 무용과 음악, 체조와 교예 그리고 생동감 넘치는 배경대의 조화는 말로 표현할 수 없을 정도로 웅장하고 감동적이다. 지금 생각해도 가슴이 벅차오르는 공연인데 기회가 주어진다면 다시 한번 보고 싶다.
>
> -남북교육자 상봉행사를 다녀와서, 전교조 제7회 참교육실천대회 통일교육분과자료집, 2008. 1.

이 전시성 행사에 동원된 아이들의 이야기를 들어보았는가. 남쪽에서 비방용으로 만든 악질(?) 선전물 말고 서양의 푸른 눈이 본 북한 이야기들 말이다. 다니엘 고든이 만든 '어떤 나라(A State of Mind, 2004)'는 북한에서 1년에 한번 치루는 집단 체조에 관한 다큐멘터리다. 집단 체조에 참여하는 11세, 13세 두 소녀의 이야기를 담았다. 두 소녀는 그것이 인생의 전부라도 되는 양 1년 365일 중 김일성 생일 하루를 빼고 뼈가 부서져라 연습한다. 김정일 장군님을 기쁘게 해드리고 조국에 충성하기 위해서라며 인터뷰 내내 앵무새처럼 종알거린다. 연습 도중에는 화장실조차 가지 못한다. 영화의 마지막, 드디어 일 년을 매달려온 소녀들의 집단체조가 화려하게 펼쳐진다. 행사 기간은 일주일, 그 기간 동안 김정일은 코빼기도 비치지 않았다.

한번 보면 평생 잊혀지지 않는다는 것이 평양의 카드 섹션이다. 10월 10일 노동당 창건대회를 앞두고 6개월 동안 연습이 진행된다. 유치원생들은 그 기간 동안 부모와 떨어져 여관에서 생활한다. 연습 도중 어린 학생 하나가 급성 맹장염으로 죽은 사례도 있다. 이탈하면 카드 섹션에 구멍이 생기기 때문에 복부를 오려내는 통증을 참고 참은 끝에 결국 숨을 거뒀다. 이 학생은 나중에 김일성 소년 명예상을 받았다. 인쇄도 아니고 복사기로 찍어낸 한 장짜리 상장이었다. 어떤가. 기회가 주어진다면 또 보고 싶으신가?

김정일의 생일을 기념하여 만들어진 꽃의 이름에서 따온 N. C. 하이킨 감독의 '김정일리아'는 북한의 교도소, 기근, 그리고 억압에서 살아남은, 현재 탈북하여 대한민국에서 살고 있는 생존자들의 이야기를 들려준다. 2009년 선댄스 영화제 다큐멘터리상과 이듬해 체코 원월드 영화제 그랑프리 수상작이다. 끔찍하기로는 BBC 북한 다큐멘터리 'Access to Evil'을 따라올 게 없다. 제발 좀 보시라. 제발.

북한 유치원을 방문한 전교조 경남지부 유치원 위원회(유치원 위원회라니…) 위원장인 문모씨도 방문의 감동을 잊지 못한다.

"북한 교육은 감화와 설복으로 깨우쳐주는 교육을 하고 있다. 영유아기부터 모든 아이들이 차별 없이 보호되고 체계적으로 교육받고 있다. 불평등한 우리네 유아 교육 현실을 볼 때 거울삼아 배워야 한다."

대체 어느 동네 사시는 분이냐. 개인적으로 이런 분의 신상 정보는 좀 공개했으면 좋겠다. 그녀는 '가슴 떨리는 감동으로 도착한 북녘 땅의 첫 느낌은 이 땅의 여느 시골처럼 한가롭고 평화로워보였다. 아름다운 또 하나의 조국 땅에 대한 감동…' 이라고 적었다. 나도 가슴이 떨린다. 이 분 덕분에. 또 '북한에서는 학교에서의 체벌은 생각조차 할 수도 없는 일이며…'라고 감탄한다. 그래서 학생인권조례를 밀어붙였나. 그런데 북한 정치범 수용소에서 부모 잘못 만난 어린 아이들을 개나 돼지와 동격으로 취급하여 마구 '다지는' 건 대체 뭐지. 수용소 수용자들은 '모든 아이'에 포함되지 않는 기타 등등 아이들?

이상이 대략 골라 뽑은 방북 전교조의 북한 감상기다. 이렇게 '찐'한 감동을 먹었으니 남한에 돌아와서 할 일들이 참 많으시겠다. 다음 장에서 이들의 맹활약을 살펴보자.

이상, 대한민국 만세.

# 전교조의 종북 코미디 3
## -사기 반공교육은 이제 그만! 북한은 실제로는 이런 나라이니라~

전교조는 2005년부터 매년 북한과 협의하여 남북공동수업을 실시하면서 남북공동수업은 "6·15선언을 구체적으로 실천하는 것"이라고 설명했다. 이 구체적인 실천에는 뭐가 있었을까. 그 중 하나가 북한 바로 알기 운동이다. 전교조 경남지부 창원사립지회의 통일퀴즈 자료 중 2004년 8월 21일부터 24일까지 게재되었던 내용을 소개한다. 학생들 흥미 끌려고 OX 퀴즈부터 들어간다. 같이 맞춰보자.

1. 남한의 공식 명칭은 대한민국이다, 북한의 공식 명칭은 북조선인민공화국이다(삑~)

   -북한의 국호는 조선민주주의인민공화국

2. 남한의 나라꽃은 무궁화이고 북한의 나라꽃은 진달래이다(삑~)

–북한의 나라꽃은 목란이다

5. 북한의 신문 중에서 가장 많은 부수를 발행하는 것은 로동신문이다(딩동댕~)

10. 북한의 군대를 '인민군'이라 하고 '인민군'에는 안경 쓴 군인이 없다(딩동댕~)

–북한 군입대에서 시력 0.8이면 불합격.

27. 북한의 화폐인 주화 중 북한에서 가장 많이 쓰이는 1원짜리 지폐 중앙에는 김일성 주석의 초상화가 그려져 있다(삑~)

–김일성 주석의 초상화는 100원 짜리에 있다

35. 북한에는 가장 최고의 법으로 헌법은 없고 대신에 노동당 규약만 있다(삑~)

–북한에도 사회주의 헌법이 있다.

1번은 상식 차원에서 알아두어 나쁠 거 없는 문제다. 2번부터는 좀 어렵다. 10번, 27번, 35번은 방송 퀴즈 프로그램 문제로도 손색이 없다. 그런데 꼭 이런 것까지 가르쳐야 하는 것일까. 10번 문제를 보자. 출제 의도를 모르겠다. 북한 사람들은 대부분 시력이 좋다는 것인가. 그런데 시력만 강조하고 신장은 빠져있다. 북한에서는 137cm이상, 43kg이상만 군대에 지원할 수 있다. 137cm미만이 많다는 얘기다. 증언을 들어보면 영양 부족으로 평양을 제외한 대부분 지역에는137cm미만의 남자가 수두룩하다. 21세기에

18세기 한국인 평균 체형으로 역행하고 있는 중이다. 이건 왜 안 가르치지.

OX퀴즈는 재미로 했다 치자. 진짜 문제는 주관식 문제부터이다.

> 1980년대 소련을 비롯하여 동유럽 사회주의 국가들이 줄줄이 몰락했을 때 북한은 왜 망하지 않았을까.

이게 문제다. 이게 문제라서 문제다. 단답식은 그냥 상식 차원에서 용인할 수 있다. 그런데 이것은 가치 판단이 작동하는 문제다. 출제 의도를 알았는지 혹은 통일 교육(?)을 열심히 시켰는지 학생들의 답은 기대치를 훌쩍 넘어선다. 다음은 2007년 전교조 전북지역 통일위원장 김모 도덕교사가 출제한 문제에 대한 학생들의 답변이다.

> "북한 사람들이 김정일 국방위원장을 중심으로 모든 사람들의 마음이 하나로 연결되어 있어서."
> "북한은 김일성 주체사상이라는 이념으로 국민들을 모았고 국민들은 이를 신뢰하고 서로 단결하였기 때문에."
> "북한은 우리와 같은 민족으로서 나라에 대한 충성심이 대단하다. 그에 따른 김정일 국방위원장의 정치가 대단한 것 같다."

"먼저 핵무기 보유로 인한 위협이고 둘째는 김일성 주체사상으로 김일성을 찬양하며 공산주의 이념이 깊숙이 박혀있어 북한 사람 모두가 한 마음을 가지고 있기 때문에."

흐뭇하시겠다. 의도한 답변이 줄줄이 나와서. 하긴 입시에는 도가 튼 남한 학생들이니 출제의도 쯤 넘겨짚는 건 일도 아니겠다. 그렇게 믿고 싶다. 출제 의도에 대해서는 이렇게 언급하고 있다.

학생들이 북에 대한 편견과 오해를 버리고 북을 사실적으로 이해함과 동시에 같은 민족으로 더불어 살아야 하는 북쪽도 하나의 소중한 정치체제를 가지고 있음을 인식하게 하는 데 그 의도가 있다.

사실적으로 이해한다? 그럼 이제껏은 비사실적으로 이해하거나 초현실적으로 이해하고 있었단 말? 북한 실상에 대한 탈북 동포들의 생생한 증언이 있는데 그건 사실을 가리는 안개라는 주장? 찾아보면 분명 좋은 점이 있는데 반공 교육 덕분에 그게 하나도 안 이루어졌다는 푸념? 이 정성으로 남한 체제와 남한 경제 발전상도 좀 언급하시지. 자유민주주의도 좀 칭찬해 주시지. 유례없는 금모으기 등으로 IMF 돌파한 남한 인민들의 기특함도 좀 다뤄주시지. 참, 교육하고는.

이상, 대한민국 만세.

# 슬슬 지겨워지는 전교조의 종북 코미디 4

## -빨치산은 자랑스러운 선배들이다?

사전부터 찾아보자.

빨치산 : 적의 후방에서 통신이나 교통 시설을 파괴하거나 무기나 물자를 탈취하고 인명을 살상하는 비정규군. 특히 우리나라에서는 6 · 25전쟁 전후에 각지에서 활동했던 공산 게릴라를 가리키는 말로 쓰인다. 원래 프랑스어 '파르티(Parti)'에서 비롯된 말이며 빨치산은 영어 파르티잔을 러시안 식으로 읽은 것이다. 즉, 애초부터 개념이 저쪽 말이라는 얘기다.

파괴와 탈취와 인명 살상이 주목적인 비정규군으로 이 나라를 어떻게든 뒤엎기 위해 뛰신 분들이 빨치산이다. 전향 안한 것은 뭐 아무래도 상관없다. 자신의 신념에 책임을 지기 위해 그리고 자신의 선택에 정당성을 부여하기 위해 그런 결정을 한 것이니까. 인간이란 묘한 존재여서 가끔 이런 식의 오기로 삶을 기꺼이 던지기도 하니까. 그러나 신념은 존중할 수 있지만 그들의 행위까지 용납할 수 있는 것은 아니다. 그들은 국군의 머리에 총탄을 쏘았고 양민의 가슴에 죽창을 찔러 넣었다. 대한민국 입장에서는 반역자들이다. 이런 빨치산을 교사라는 사람들이 선배라고 부르면서 그 삶을 배워보겠다고 하더니만 아예 학생들까지 끌고 가서 추모제를 지냈다. 학생들은 자신이 살아가고 있는 '오늘'을 부정하려고 한 사람들에게 고개를 숙이고 그 높은 뜻을 기렸다. 어쩌면 자기들의 할머니, 할아버지에게 총칼을 겨누었을지도 모르는 그들에게.

싫은 건 뭐냐면 이런 거다. 빨치산이라고 소개해 놓고 골방에 앉아 이데올로기나 연구한 사람 정도로 슬쩍 행적을 숨긴다. 지사처럼 포장하고 싶어서 열심이지만 그들은 엄연한 '전사(戰士)'다. 전사란 누군가를 죽이기 위해 조직 내에 편성되거나 각오를 다진 사람이다. 그들은 말로 대한민국 정부를 전복시키려 한 것이 아니다. 무장투쟁을 통해, 살상을 통해, 피비린내를 통해, 수많은 죽음을 통해. 안 무서워? 나는 무섭다. 특히 원한 관계도 아닌 공허한 이데올로기 때문에 사람이 사람을 죽일 수도 있다는 그 사실 자체가 무섭다.

1979년 남민전(남조선민족해방전선)사건으로 복역한 시인 김남주는 서정시를 참 잘 썼다. '옛 마을을 지나며'라는 시가 있다. 짧아서 딱 한 줄이다. '찬 서리 나무 끝을 나는 까치를 위해 홍시 하나 남겨둘 줄 아는 조선의 마음이여'. 읽을수록 잔잔하니 참 좋다. 이런 시를 쓸 수 있다는 것은 타고난 심성이 곱다는 증거다. 그런데 이런 반듯한 정서를 가진 사람도 이데올로기가 주입되면 180도 돌변한다. 헐크는 피부조직만 늘어나지만 이데올로기로 사고에 변질이 오면 인간이 아닌 괴물이 된다.

남민전은 재벌 및 부정축재자들의 재물을 빼앗아 재정문제를 해결한다는 홍길동적 발상으로 '혜성대'라는 강도떼를 결성해 강도·상해 행각을 벌였다. 럭키그룹 구자영 사장 집을 털었다. 다음에는 재벌도 아닌 금은방을 털었다. 이후 동아건설 최원석 회장 집에 침입, 경비원을 칼로 찔렀다. 김남주는 남민전의 전사였고 혜성대의 행동대원이었다. 이데올로기가 든든하게 받쳐주는 한 그에게 '존중할 가치 없는 나라에서의 범죄'는 혁명 사업의 일환으로 몹시 당당한 투쟁의 성과일 뿐이다.

좌익활동가었던 김정익의 '어느 좌익 사상범의 고백'이라는 책에 보면 이런 대목이 나온다. 교도소 안에서 김남주는 김정익을 사상 교육하며 "계급적 적을 증오하라. 철저히 증오하라. 그리하면 자기 자신의 내부로부터 끓어오르는 인간적인 나약한 갈등은 없어진다"고 끊임없이 강조했다. 여기까지는 그럭저럭. 그러나 이어지는 김남주의 말은 모골을 송연하게 만든다. "반혁명 세력 200만 명은 죽여야 한다." 200만 명은 죽여야 순탄하게 혁명의 길을 갈 수 있다는 얘기다. 1980년대 남한 인구가 4천만 명 정도였다. 이 중 200만 명을 죽인다면 한 집 건너 곡소리가 난다. 200만은 그저 수사(修辭)였을지 모른다. 그래서 더 선뜩하다. 200만이 400만이 될 수 도 있기 때문에. 고개를 갸웃거리며 "이걸로는 안 되겠는데? 더 죽여야겠어." 충분히 이럴 수 있다는 말씀이다. 영화 '킬링 필드'가 겹친다. 가난한 유학생이자 성실한 교사들이었던 크메르 루즈 8인방은 3년 남짓한 집권 기간 동안 전체 인구의 5분의 1을 죽였다. 도시는 나쁘고 농촌은 착하다는 참 별난 발상으로, 하얀 손은 악당이고 안경은 부르주아라는 독창적인 반혁명분자 감별법으로, 아예 인간의 심성 자체를 개조해보겠다는 심오한 망상에 빠져.

전교조가 빨치산을 미화하고 학생들을 현장에 동원한 사례를 살펴보자.

> 2001년 전교조 전북지부 통일위원회는 전북지역 청소년 통일 한마당 행사의 하나로 학생들 170여 명과 회문산에 도착하여 순창 회문산 빨치산 사령부 자리와 기념탑에서 강연과 기념식을 가졌으며
>
> –전북희망 2001 청소년 통일한마당, 전교조 제1회 참교육실천대회 통일교육분과 자료집, 2002. 1.

같은 해 비전향 출소자들과 만남의 시간을 갖고 봉화통일교육 교사모임에서는 하반기 통일활동 계획으로 '비전향 장기수 배동준님과의 만남'을 설정하기도 했다.

–장애아, 비장애아가 함께 하는 통일 캠프를 위한 통일교육사례, 전교조 제1회 참교육 실천대회 통일교육분과 자료집 2002. 1.

2002년 전교조 부산지부 공립남부지회 김모 교사는 통일 교육으로 '장기수 선생님(통일 일꾼)들과의 인연, 만남 그리고 장기수 선생님들의 북한에서의 또 다른 생활, 또 만남을 기약하며' 등의 제하로 빨치산 출신 공산주의자들의 개인적인 경험담을 들려주어 아이들의 호기심을 유발했다고 소개하고 '장기수 선생님께 직접 편지나 카드 보내 드리기' 등을 수업활동으로 전개했다.

–전교조 제2회 참교육 실천대회 통일교육분과 자료집 내 '통일 수업 사례' 제하 자료 2003. 1.

빨치산 출신 공산주의자들의 개인적인 경험담이 아이들의 호기심을 유발했다고? 국군에 맞서 유격전을 벌이고 밤이면 보급 투쟁 나와 민가를 털고 겨울에는 얼음 밑에 기어들어가 추격을 피하고 뭐 그런 것들? 불규칙한 생활에 영양 결핍이 겹쳐 생리가 끊어졌다는 여성 빨치산들의 생리학적 불가사의에 대한 이야기? 다시 말하지만 빨치산들의 활동에 대해 시비 걸고 싶지는 않다. 그것은 그들의 선택이었으니까. 그러나 그걸 아이들에게 전달하는 것은 전혀 별개의 문제다. 건국 세력을 깎아내리고 반역 세력을 옹호하는 수업이 아이들에게 어떤 혼란을 줄지 한번이라도 생각해 보았을까. 하긴 자기들 스스로도 그 문제에 대해 난처함을 털어놓고 있기는 하다.

> 아이들이 그간 받아왔던 교육과 다름으로 혼란스러움도 많이 느꼈다. 특히 혼란스러움에 대해 의구심을 많이 가졌고 해결해 줄 것을 많이 요청했다.
>
> -6·15공동수업 대표 수업사례, 제7회 참교육 실천대회 통일교육분과 자료집, 2008. 1.

중단하겠다는 말이 아니다. 혼란스러움을 느꼈다니 정리해 줄 필요를 느낀단다. 80년대 초반 대학에 막 입학한 신입생들은 이른바 '시각 교정'이라는 훈련을 자의 반 타의 반으로 받았었다. '해방 전후사의 인식', '현실 인식의 논리'로 대표되는 책자를 읽고 입학 전까지 고등학교에서 받았던 내용과 그들이 주장하는 진실을 대비시켜 충격을 안겨준 후 자연스럽게 운동권으로 포섭하는 과정이었다. 그런데 그건 대학생이다. 나름 주체적으로 생각하고 막 이성을 싹 틔우는 시기다. 그런데 전교조가 타겟으로 삼은 건 미성년 어린 학생들이다. 이런 거야말로 특정범죄가중처벌법으로 다스려야 하지 않을까. 사례 몇 개만 더 보자.

2005년 5월에는 전교조 전북지부 통일위원장 전북 임실 관촌중학교 김모 교사는 학생 180명을 인솔, 출소 공산주의자 모임인 '통일광장' 등이 순창 회문산에서 개최한 '남녘 통일애국열사 추모 문화제'에 참석하여 "국가 보안법 폐지하라, 전쟁 위협하는 외세를 몰아내고 우리민족끼리 통일하자"면서 국가보안법 폐지를 선동했다.

2006년 3월 19일 전교조 경남지부 산청지회에서는 '교사, 학생, 학부모가 함께 통일을 여는 지리산 역사 기행'에서 학생 20여 명을 포함한 총 55명이 빨치산 출신자인 이성근과 함께 기행하면서 빨치산 활동지역에서 추모의식을 전개하였다. 교사들은 기행 후기에서 빨치산을 선배라고 칭하면서 "운동사 선배들의 삶을 보고 배울 수 있는 좋은 기회였다"면서 공산화 통일을 위해 후방 교란 등 활동을 해 온 빨치산을 '운동사 선배'로 지칭하면서 빨치산 활동을 보고 배우려고 노력하였다. 또한 "빨치산에 대해 미리 사전교양하면 좋겠다"고 주장하며 빨치산 활동을 학습할 것을 권장하기도 하였다.

-인터넷 포털 '다음' 카페 통일교사 모임 - 신나게

이 수업에 참가한 학생이라면 이렇게 말할지도 모르겠다. "앞으로 군인이 된다면 수치스러운 국군 대신 자랑스러운 '남부군'이 되고 싶어요."

2009년 경북역사교사모임도 영주-봉화독립운동사 답사 코스에 '비전향 장기수 할아버지와 만남'을 설정한 바 있어 전교조가 수시로 빨치산의 삶

을 체험, 학습하고 있음을 알 수 있다

–전교조 제10회 참교육 실천대회 역사교육분과 자료집, 2011. 1.

2010년 7월 3일부터 이틀간 전교조 전북지부 통일위원회는 '박준성 선생님과 함께 하는 지리산 역사 기행'을 실시, 학생들을 포함하여 43명이 지리산 일대를 답사하면서 빨치산 대장 출신인 '이현상 유적지'를 답사하려다가 입산 금지로 실행하지 못하기도 했다. 이 행사에 다녀온 전교조 전북지부 교사들은 소감을 통해 입산 금지로 기행을 하지 못한 것을 아쉬워하며 "빨치산을 없애고 제거해야 할 암세포가 아니라 올바로 이해하고 포옹하고 감싸주어야 한다. 죽음으로 살았던 빨치산 그 님들을 생각하면 가슴이 뜨거워진다. 북한에서는 빨치산 이현상을 영웅으로 칭송한다"면서 빨치산들의 활동을 옹호하고 있다.

–지리산 역사 기행 안내지, 전교조 전북지부 통일위 2010. 6. 25

**죽음으로 살았던 그 님들을 생각하면 가슴이 뜨거워진다니 국립 현충원에 묻힌 수많은 호국 전사자들이 분통이 터져 무덤에서 벌떡 일어날 일이다. 이렇게 집요하게 공작을 펼친 결과 학생들의 시각에 변화가 생긴다.**

공주로 야영을 갔다. 6·15에 대해 자세히 배웠다. 그것 때문에 우리나라 이산가족도 만날 수 있게 되었고 장기수들도 풀어줄 수 있었다.

–통일동이 열 셋, 2002 우리들만의 야영

북녘에 대해 그동안 나쁘게만 생각했던 것들이 조금은 바뀌지고 사회주의 체제에도 좋은 점이 있다는 것을 알 게 되었다. 통일은 꼭 되어야 하고 우리 민족끼리 힘을 합쳐서 통일을 이루어 부강한 나라를 건설해야 한다는 것을 느끼게 되었다. 나는 금강산을 다녀와서 생각도 많이 바뀌었고 인생의 목표가 많이 변하였다. (광주 자연고 3학년 봉모 학생의 금강산 체험문)

–전교조 제2회 참교육실천대회 통일교육분과 자료집에서 '통일 기행' 2003. 1.

장기수 할아버지들 굉장히 훌륭한 분이시더라. 나는 시간이 갈수록 훌륭한 분을 더 많이 만나가는데 기뻐. 나 그런 애국자들을 만날 때마다 훌륭한 사람이 되어야지 다짐하고 꿈도 갖게 되고 많은 걸 배우게 된다.

–통일뉴스 기사 '이 곳은 피로 물든 혁명 투쟁의 고향' 제하, 2005. 5. 28

장기수 할아버지들은 굉장히 훌륭한 분이시더라,고 소감을 말하고 있다. 그들을 애국자라고 말하고 있다. 영화 '달콤한 인생'에서 이병헌은 울먹거리며 보스에게 묻는다. "저한테 왜 그러셨어요" 자기를 죽이려던 보스의 의중이 궁금해서다. 먼 훗날, 위의 소감을 적었던 소녀가 찾아와서 굳은 표정으로 "저한테 왜 그렇게 가르치셨어요?" 물으면 전교조, 어떻게 대답할 것인가. 장기수들을 훌륭하고 애국자로 배운, 그래서 삐딱하고 부정적이고 반국가적인 사고로 인생을 출발한 그 소녀에게 무엇으로 보상할 것인가. 스승의 그림자도 밟지 말라고 했다. 아이들에게 말해주고 싶다.

제발 부탁이니 전교조 그림자 근처에도 가지 말아라. 지뢰보다 무서운 게 전교조란다. 그리고 한번 빗나간 것은 영원히 빗나가고 인생은 단 한번 뿐이란다.

빨치산 대체 어떤 존재였을까. 한 월간지에서 옮겨 온 글이다. 이걸 보고도 빨치산들을 미화할 수 있다면 그때는 당신들 전교조를 인정하겠다. you win!!!

**6.25 전쟁 당시 빨치산 소년단의 증언**

6·25 전쟁 당시 열세 살로 빨치산 소년단으로 활동했던 김서용(가명) 씨의 증언. 당시 김씨는 백수면 대전리에 살았다.

“인민군이 패퇴한 후 빨치산들에게는 무기가 별로 없었어요. 갓봉에 있는 빨치산 본부에도 따발총하고 소련제 장총 몇 자루 그게 전부였어요. 정확히 몇 명인지 기억은 못 하지만 잔존 빨치산의 숫자도 별로 안 됐어요. 경찰이 우리가 있던 갓봉을 공격해 오면 우리 소년단들이 돌을 굴려서 못 올라오게 하는 역할도 했죠. 처음에 인민군이 진주했을 때는 형식적이지만 인민재판을 통해 처형을 했어요. 나중에는 막

무가내로 죽였어요. 주로 군경 가족들이 희생됐죠.

빨치산들은 보복을 막으려면 씨를 말려야 한다면서 일가친척들까지 모조리 잡아다가 죽였어요. 나도 네댓 번 우익 쪽 사람들을 죽이는 곳에 있었는데 무기가 없으니까 죽창이나 칼로 죽였어요. 학살 후 구덩이에 묻기도 했지만 개울에 버린 시체도 많았어요. 갓난애들은 자루에 담아서 그냥 던져버렸구요. 빨치산들에 의해 처형 명령이 내려진 사람들을 처형하기 위해 개울가로 데려가다 보면 이미 80%쯤은 죽은 사람이 되어 있었던 걸로 기억이 나요. 공포에 정신이 혼미해졌던 거죠. 지금 생각하면 끔찍한 일이지만 그때는 무덤덤하게 죽이라면 죽였어요. 우리 가족이 살기 위해서는 어쩔 수 없는 일이었죠.

지금도 생생한 기억이 하나 있는데, 백수면에서 우익 인사를 가장 많이 죽인 사람이 최모라는 사람이에요. 그 사람은 칼을 사용했어요. 한번은 많은 사람들이 모여 있는 데서 우익 쪽 사람들을 처형하는데 그날도 최모씨는 칼을 사용했어요. 그리고 나서는 사람들 앞에서 칼에 묻은 피를 빨아먹는 거예요. 너무나 많은 죽음을 봤기 때문에 죽음에 무감각했던 우리들도 전율을 느낄 정도의 섬뜩한 광경이었어요. 빨치산에서 도망을 칠 수도 없었어요. 내가 도망치면 우리 식구가 몽땅 죽을 테니까요."

## 사적인 감정으로 일가족 32명 학살

영광읍 홍곡리에 사는 박남도(81)씨는 매년 32명의 영령을 위해 제사를 지낸다. 양친 부모, 형님 내외와 조카들 두 명, 큰집 식구들 등 27명이 6·25 때 피살당했고, 작은아버지의 가족 다섯 명은 1949년 초가을 빨치산들에게 학살됐다. 박씨는 이들 영령들을 위해 매년 음력 8월25일에 합동제사를 올리고 있다.

가족들이 학살당할 당시 박씨는 서울에 있었기 때문에 참화를 모면할 수 있었다. 박씨는 가족들이 좌익들에게 학살당한 이유를 '순전히 개인 감정 때문이었다'고 말한다.

"일제 때 사촌형이 징용으로 끌려갔다가 죽었어. 사촌형을 징용 보낸 게 그 마을에 P씨 성을 가진 구장(이장)이었다나 봐. 큰집에서는 구장에 대한 감정이 쌓였겠지. 해방 후에 큰집 4촌형들이 6형제였는데 죽은 형을 빼고 5형제가 구장네로 몰려가서 항의도 하고 행패를 부렸다나 봐. '너희 때문에 우리 형제가 죽었다'고 말야. 어느 정도로 심하게 했는지는 몰라도 그쪽에서도 감정이 상했겠지. 그런데 그 구장 아들이 6·25 전부터 공산당 활동을 했었어. 구장 아들로서는 우리 사촌형들의 행패를 가슴에 새겨 두었겠지. 그러다가 6·25 동란이 터진 거야. 해방 후 친일파로 몰려 몰락했던 구장네 집안이 다시 재기를 하게 됐지. 그리고는 큰집 식구들을 반동으로 몰아 죽이고 우리 식구들까지 죽여버린 거야. 우리 가족이 죽을 이유는 그것밖에 없었어."

박남도씨는 가족들의 정확한 피살일자를 모르고 있었다. 피살자 명부에는 박씨 가족들이 1950년 9월19일에 처형된 것으로 기록돼 있다.

박씨는 그해 10월에 광주에서 대한청년단 영광지부를 조직하면서 단장으로서 경찰과 함께 영광에 들어왔다. 박씨가 대한청년단 단장으로 영광에 온다는 소문이 퍼지자 고향 마을 사람들은 학살당한 박씨 일가들의 시체를 찾아다가 마을 앞에 진열해 놓았다. 베로 시신을 감아 놓기는 했지만 시신들이 너무 부패해 누가 누구인지를 알아볼 수가 없었다. 마을 사람들이 "이 시신이 아버지 시신이고, 저 시신이 어머니 시신이다"고 가르쳐 주는 대로 절을 올렸다.

"그날 산천초목이 떠나가라 하고 울었어. 울어도 울어도 피맺힌 한이 풀어지지 않더군. 가족들과 함께 죽지 못하고 살아 있다는 게 원망스럽기만 했지."
-월간조선 2002. 4. 김성동 기자의 글 중에서

누군가는 산천이 떠나가라 울었다는데 그래도 피 맺힌 한이 풀리지 않았다는데 얼마나 존경스러웠던지 이런 노래까지 지어 부른다. 밤마다 갈아온 총창은 누구의 가슴을 뚫었을까.

**빨치산의 밤**

강창식 글 / 박태승 가락

조국의 이름으로 오기 위해
온갖 설움 들고 능선 넘었네
달빛 받아 뿌연 겨울산에서
분노의 상처 어루만지며

하얗고 긴 눈이 내릴수록
조선의 산하 피로 물들고
역설의 이름들만 온 산하에
비명되어 새겨져가네

밤마다 갈아온 총창을 들고서
나는 가리 내 조국을 찾으러
나의 이 밤도 멈출 수 없다
역사의 힘찬 발걸음

모질고 모진 그 시련 넘어서

땀과 눈물이 아름다운 그 곳

돌아서지 않으리 아득한 그길에

이름도 없이 사라진대도

명랑
소설
#2

## NL=north love? 대체 왜들 이러는 걸까요

나이 들어가면서 수재가 범재 되고 범재가 둔재 되는 게 세상의 이치다. 물론 시간은 좀 걸린다. 그런데 천재가 천치 되는 데 이렇게 순식간일 줄은 몰랐다. 2010년 8월 당시 이정희 민노당 대표는 "6·25가 남침이냐 북침이냐"는 질문에 역사적인 논쟁들이 '좀' 있다며 "더 치밀하게 생각해 나중에 다시 답을 드리겠다"고 했다. 이런 질문을 받으면 보통 이렇게 되묻는 게 정상이다. "혹시 난센스 퀴즈입니까?" 그녀는 학력고사 인문계 여자 전국 수석을 차지해 천재 소녀 소리를 들었다. '좀' 있다는 역사적인 논쟁들은 또 무엇일까. 혹시 공격을 가한 측의 수도가 사흘 만에 상대편에게 함락되는 것이 과연 가능한가 같은 것? 모쪼록 그런 것이기를 빈다.

요즘 진보당 덕분에 신문 보는 재미가 쏠쏠하다. 놀랍고(앗, 당원증 들어 보이는 저거 완전 저쪽 스타일이네), 신기하고(헐, 풀이 살아나다니), 황당하고(종북이 아니라 종미가 훨씬 문제입니다), 어이없고(쯧쯧, 당대표가 당원에게 줘 터지다니), 유익하고(주민등록번호 얼마나 아십니까), 가끔 화가 나기도 하며(흑흑, 또 안 불러 애국가), 내일은 또 어떤 이야기가 지면을 장식할지 기다려지기까지 한다. 지난 총선 '돼지 파동'에 이어 자무자파(자기 무덤을 자기가 파다)의 절정이다. 그런데 신문을 덮고 마지막에 가슴에 남는 정서는 즐거움이 아니라 환멸이다. 실은 이 환멸 오래전에도 겪었었다. 87년이다. 여름 농활을 다녀온 친구가 "주체를 모르는 자와는 철학을 논하지 않겠다"고 선언했다. 친구 잃기 싫어서 열심히 주체 철학을 공부했다. 기독교 교리와 좀 비슷하지 않으냐고 했더니 "아오지에 가고 싶지 않으면 말조심하라"는 답변이 돌아왔다. 친구가 아오지에 보내 줄 실력이 있었는지는 모르겠지만 아오지보다 더 무서웠던 건 친구의 눈빛이었다. 가끔은 꿈꾸는 듯한 시선으로 북쪽을 바라보기도 했다. "산 너머 저쪽에는 누가 살길래…" 이런 노래를 흥얼거리면서. 아, 이래서 얘들을 NL(north love)이라고 부르는구나. 그 첫사랑을 아직도 간직하고 사는 사람들이 이렇게 많은 줄 몰랐다.

'새는 좌우의 날개로 난다'라는 책이 있다. 대단히 교묘한 제목이다. 저절로 고개가 끄덕여진다. 마치 세상이 정상적으로 돌아가려면 우익과 좌익이라는 두 개의 날개가 '반드시' 필요하다는 말로 들린다. 그런데 이 말은 새를 완전 무시하는 발언이다. 날개보다 먼저 고려해야 할 것은 새라는 말씀이다. 이 새는 '자유민주주의 정치체제'와 '자본주의 경제체제'라는 두 개의 기본 인자를 그 형질(形質)로 가지고 있다. 그래서 이 형질과 다른 질의 날개가 붙으면 날자마자 바로 추락이다. 아니 아예 날지를 못한다. 기러기의 한쪽 날개에 참새의 날개를 붙여놓으면 어떻게 되겠는가. 프레임을 깨자. 새는 좌우의 날개가 아니라 형질이 같은 '두 개'의 날개로 난다. 그리고 이 왼쪽에 '위치'한 날개의 끄트머리에 노회찬, 심상정 두 사람이 있다(갑자기 이분들이 마구 마구 좋아지네). 이번 진보당 사태로 우리에게는 기준이 생겼다. 성과라면 유일한 성과다. 스스로 더 폭로할 거리가 남았는지 모르지만 이제 좀 지겹다. 황현희가 매주 말하지 않는가. "대체 왜들 이러는 걸까요?" 그렇다. 질렸다. 이제 그만! 제발 그만!

## 종북(從北)·친북(親北)하는 '빨간 모자' 피터 팬 여러분… 이제 그만 '어른' 되세요

어른과 애를 나누는 기준은 무엇일까요. 누군가는 그걸 짜장면에 대한 선호로 구분하더군요. 아무리 나이가 들어도 짜장면을 좋아하면 결국 애랍니다. 매몰 비용에 대한 집착 여부도 그 기준이 될 수 있겠습니다. 쉽게 말해 3만원짜리 뷔페를 갔는데 본전 뽑겠다고 꾸역꾸역 밀어넣다가 배탈로 추가 비용이 발생하면 애라는 얘기죠. 반대로 어차피 낸 돈, 우아하게 샐러드 한 접시만 드시고 나오면 어른이고요. 최근에 또 하나 기준이 생겼습니다. 바로 북한 인권법에 대한 찬성 여부입니다.

87년도 일입니다. 6월 항쟁으로 무인(武人) 정권이 손을 들었습니다. 어쩌구저쩌구 투쟁위원회의 장이라는 사람이 새로 나온 슬로건이라며 '범국민 과도정부 수립'에 대해 설명해주더군요. 며칠 후 학교에 갔더니 다시 불러 세웁니다. 슬로건이 바뀌었다고, 오늘부터는 과도 정부가 아니라 '거국중립내각 수립'이니 그리 알라고요. 궁금해서 물어봤습니다. "설명도 안 해주세요?" 그 사람은 한껏 엄숙한 표정으로 대답했습니다. "방송에 그렇게 나왔습니다" 방송이라니? 더 궁금해진 저는 또 물었습니다. "KBS요?" 나중에 알고 보니 방송은 단파 라디오를 통해 청취한 대남 방송이었습니다. 밤새워 논의한 전술이 북쪽 말씀 한마디에 바로 엎어진 것이지요. 종북 주사파의 존재를 피부로 실감한 최초의 사건입니다.

어설픈 지성이지만 모여서 옥신각신 즐거웠던 골방 세미나 대신 내리 놀다가 시간 되면 방송 듣고 돌멩이 들고 뛰쳐나가는 그들이 참 놀라웠습니다. 신체의 주권을 전파에 양도한 채 매사 '주체성'을 강조하는 건 더 신기했습니다. 그들이 운동을 참 편하게는 했습니다. 그저 '지령'에 따르기만 하면 됐으니까요. 아마 저희 세대 그들이 받은 마지막 지령은 이거였을 겁니다. '공장으로는 그만 가라. 학교로, 방송으로 그리고 법원으로 가라.' 둘은 대충 접수가 끝난 것 같고 남은 하나도 제법 진도가 나간 것 같습니다. 전체주의적 사고에 익숙해서일까요. 일사불란한 맛은 있네요.

'북한 인권법'의 대상은 지도자가 죽었을 때 통곡하다 혼절한 평양 시민들이 아닙니다. 배급제로 배부른 250만 평양 시민들을 제외한, 대책 없고 버려진 2,200만명의 기타 인민들입니다. "쌀 보내지 마세요. 평양에서 다 먹어요. 가축 사료 보내주세요. 그럼 저희한테 돌아와요"라고 말해 캐나다 국회를 눈물바다로 만든 탈북 그녀가 살았던 곳입니다. 남자 현역 입대 기준인 137㎝조차 못 자라 군에도 가지 못하는 18세기 체형의 남자들이 사는 곳입니다. 이 법에 반대하는 사람들이 아직도 있습니다. 아마 제게 슬로건 교체를 통보했던 그 사람이거나 같이 라디오를 애청하던 선배나 후배 기타 등등이겠지요.

사회 참여파 학생들과 술 마시는 자리에서도 빠뜨리지 않는 얘기가 있습니다. 그 어떤 반정부 투쟁도 좋은데 제발 종북·친북(종친)만은 아니었으면 좋겠다고요. 그거야말로 정말 '종친' 애들이고 아무리 똑똑하고 잘나 보여도 북쪽의 현실을 왜곡하거나 말을 돌리거나 혹은 내재적 접근법이니 뭐니 학술적으로 돌파하려 들거나(실은 이게 제일 악질입니다)하면 결국 애들이라고요. 연령상 성인이 되었는데도 어린애의 사고와 행동으로 성인들의 세계에 적응하지 못하는 것을 '피터팬 증후군'이라고 한다지요. 피터팬이 사는 곳은 일찍이 없었던, '결코(never) 나라(land)가 아니다'라는 뜻이라지요. 빨간 모자 피터팬 여러분 이제 그만 '어른' 하세요. 나이 더 들어 '아비는 3대째 종이었다' 같은 통한의 회고록 쓰지 마시고.

# 3부

# 퍼져라, 반미(反美)의 노래

# 효순이와 미선이를 둘러싼 날조와 어이없는 후일담

먼저 두 소녀에게 꽃 한 송이부터 바친다. 이유는 두 가지다. 첫째는 그 어린 죽음이 안스러워서 그리고 둘째는 두 소녀가 자신의 의지와 상관없이 조국을 떠나 졸지에 인민공화국 학생이 되었기 때문에. 효순이와 미선이는 사고 직후 평양 모란봉 제1중학교 6학년 9반에 명예학생으로 등록이 되었고 심지어 2005년 3월 24일 졸업했다. 두 소녀의 아버지는 어떤 심정일까. 죽어서도 편히 쉬지 못하고 툭하면 불려나와 시위의 소재가 되더니 이제는 북한의 중학생이 되었으니 말이다.

일단 두 소녀의 죽음과 관계된 정황과 그 진실 여부는 논외로 하자. 이유는 간단하다. 두 미군 병사가 사이코패스가 아닌 다음에야 일부러 눈에 보이는 학생을 전차로 깔고 지나갔을 리가 없기 때문이다. 왜? 인간이니까. 당신이라면 기분이 좀 안 좋다고 혹은 아침부터 상관에게 깨져 신경질이 좀 난다고 멀쩡한 사람을 밀어버릴 수 있는가. 이건 상식의 문제다. 미선양의 아버지는 인터뷰에서 딸의 죽음이 미군의 살해가 아니라 단순한 사고라고 생각한다고 말했다. 그 분이 심성이 고와서 혹은 종교적으로 완성도가 높아서 그런 말을 한 것은 아니라고 생각한다. 그것은 인간이 인간에 대해 가지고 있는 가장 기본적인 믿음과 신뢰다. 그런데 이걸 자꾸만 불순하게 몰고 간다.

"이제 더 이상 제국주의 미국에 당해 온 분단의 예속과 신자유주의 억압의 굴레 속에 있을 수 없습니다. 오만하고 부당한 미국과 미국의 힘을 대변하는 주한미군에게 본때를 보여줍시다. 전동록, 미선이, 효순이, 박승주씨의 억울한 죽음이 없도록 합시다. 분회원과 함께 공동수업을 힘차게 결의합시다."

2003년 제2회 참교육 실천대회 통일교육분과 자료집에 실린 미선이 효순이 공동 수업 사례 발표 내용이다. 울산 청소년 교육문화공동체 '함께'에서 실천한 지역통일운동, 전교조 제2회 참교육실천대회 통일 교육분과 자료집을 보면 한 술 더 뜬다. 반미감정 확산을 위해 학생들에게 각급 교실에서 서명을 받아오게 하거나 두 여중생 배지를 교복에 이름표와 함께 부착하고 다니게 하기까지 했다. 참, 교육 한 번 잘 시킨다.

죽음이란 심각한 트라우마를 동반하는 경험이다. 어릴수록 그 상처가 깊고 오래가는 것은 당연하다. 외국의 경우 그 정서적인 충격을 최소화하기 위해 학생들이 그 죽음에 대해 피부로 느끼지 못하도록 충분히 배려한다. 당분간 휴교를 한다든지 하는 식이다. 우리나라는 학생이 자살하거나 억울하게 죽으면 해당 학생의 자리에 하얀 조화 꽃다발을 올려놓고 그 죽음의 충격을 동료들이 충분히 곱씹을 수 있도록 배려하는 해괴망측한 관행이 있다.

관악고 홍모 교사는 자신의 수업 사례를 설명하면서 "아이들에게 이 사건(효순, 미선 사건)이 단순한 교통사고가 아니라 미군이 한국인을 일상적으로 깔보는 가운데서 나온 구조적인 사건이라며 이 사건의 본질에 대해 설명하면서 자존심과 자주성을 상실한 우리나라의 현실에 대해 말하였다"고 소개한다. 그리고는 아이들이 미군들에게 "나쁜 놈들"을 연발한 것을 몹시도 흐뭇하게 덧붙인다.

신림여중 박모 교사는 두 술 더 뜬다. 비디오 자료를 통해 여중생 사건 교육을 실시했다면서 주한미군과 미국 제국주의의 문제, 이라크 전쟁 등을 반미로 연결하여 교육하였고 그 결과 학생들이 "성조기를 태우는 장면에서 박수를 치기도 했다. 아이들의 집중력

2010년 무단 방북한 한상렬 목사가 두 소녀의 영정 앞에서 오열하고 있다. 누군가는 이 사진을 오열(五列)의 오열(嗚咽)이라고 부른다

이 대단했다"면서 반미수업 결과를 자랑스럽게 발표했다(미선이 효순이 공동 수업 사례 발표, 전교조 제2회 참교육 실천대회 통일교육분과 자료집, 2003년). 더 할 말이 없다. 대체 자신이 가르친 아이들이 얼마나 괴물이 되기를 바라는 것일까. 선생이기에 앞서 정상적인 성장 과정을 거친 사람인지 의심스럽다.

찾아보지는 않았지만 아마도 북한에 편입된 두 여중생에 대한 교육 역시 어디선가 이루어졌을 것이다. 식민지 남쪽의 불쌍한 두 희생자를 기리는 주체의 조선민주주의인민공화국과 거기에 대비되는 한없이 비굴한 남조선 괴뢰 정부를 질타하며. 두 여중생 애기는 여기까지만 하자. 더 하다간 두 소녀를 이용해 먹은 그 인간들과 동급이 될 것 같아서. 괴물과 싸우면 괴물이 된다지만 그건 좀 싫다. 게다가 나도 딸 키우는 아버지다. 다시 한번 두 아버님께 진심으로 위로의 말씀 전한다.

이상, 대한민국 만세.

# 남북한 어린이 반미 눈높이 맞추기 프로젝트

2005년 전교조는 '민족통일대행진'이라는 이름으로 초등학교 어린이들과 중고등학생들을 대상으로 친북반미 현장교육을 실시했다. 어린이 75명과 교사 20명으로 구성된 '어린이 민족통일대행진단'은 8박 9일 동안 평택 미군기지 방문, 강화유적지 답사, 오두산 통일전망대 방문, 서대문형무소 탐방 등의 일정을 소화했다.

서울 S초 5학년 남모 어린이는 "효순이 미선이 관련 영상물을 보고 미군이 나쁘다는 사실을 알게 됐다"며 "같은 민족이니까 통일이 되어야 한다고 생각한다"고 말했다.

대구 M중 2년 김모 어린이는 "선생님들이 나눠준 책자와 평택의 미군기지를 갔다 온 다음 미국이 나쁘다고 생각했다. 통일이 빨리 되었으면 좋겠다는 생각이 들었다"고 말했다.

서울 C초 6년 성모 어린이는 "평택 미군기지 방문 때 우리 땅을 미군들 마음대로 사용하는 것이 서럽고 억울해서 눈물을 쏟았다"고 말했다. 추가로 "9명의 미군이 16만평의 땅을 차지하고 우리 농민들의 땅을 뺏고 있다"는 근거 없는 반미주장을 신나게 떠들었다.

초등학교 6학년 어린이가 미군들 때문에 서럽고 억울해서 눈물을 쏟았다. 미제(美帝) 이야기만 나오면 부르르 떨며 분노를 토해내는 북한 어린이가 오버랩된다. 참가자 중 김모는 "행사 참석 전에는 이런 생각을 가진 적이 없다"고 밝혔다. 행사가 시작된 지 딱 나흘 만이었다. 좋은가? 흐뭇한가? 째지는가? 나는 가슴이 미어진다.

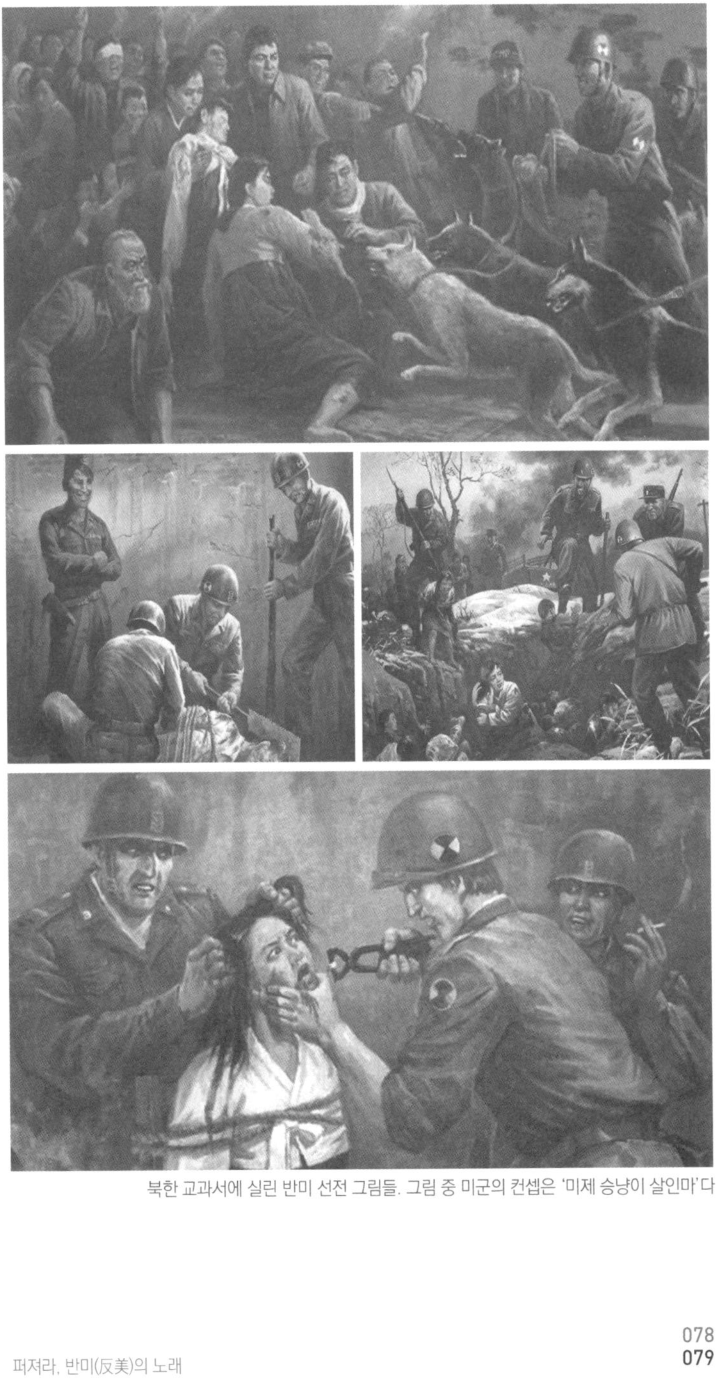

북한 교과서에 실린 반미 선전 그림들. 그림 중 미군의 컨셉은 '미제 승냥이 살인마'다

# 우리가 미국의 식민지라는 증거, 한미행정협정(SOFA)

"자기 영토 안에서 재판권을 행사하는 것은 한나라의 기본적인 자주권에 속하며, 남의 나라에 와 있는 미군은 마땅히 주둔국 국민의 생명과 자주권을 존중하여야 한다. 이는 미국에게 있어 대한민국은 아무런 주권도 가지지 못한 식민지 노예에 불과함을 만천하에 공표하는 것이다."

2002년 전교조 전남지부 소속 816명의 성명서 중에서 발췌한 것이다. 참으로 기개 넘치는 선언이다. 국제법을 완전히 무시한 것만 빼면. 영토 안에서 재판권을 행사하는 것은 기본적인 자주권 맞다. 그러나 그 재판권은 우리 국민에게만 해당될 뿐이다. 미군에 대한 재판권은 아쉽지만 우리에게 없다. 그럼 우리는 식민지인가. 다음 내용을 보자.

"(전략) 대한민국 요원들에게 1961년 4월 18일 체결된 외교관계에 관한 비엔나 협약에 따라 대한민국 대사관의 행정, 기술직원에게 부여되는 지위와 동등한 지위가 부여될 것과(후략)"

2002년 한국과 키르키즈스탄 사이에 체결한 행정협정과 관련한 우리 측의 제안 각서 중 일부다. 키르키즈스탄에 파견된 한국 군대는 대사관 직원과 동등한 지위를 누리게 되어 있다. 동등한 지위란 면책특권을 말한다. 1961년 오스트리아 비엔나에서 채택된 '외교관계에 관한 비엔나협약'에 따라 외교관은 파견국으로부터 어떠한 형태의 체포, 구금도 당하지 않고 형사재판관할권 면제를 받는 면책특권이 인정된다. 비엔나협약 제29조를 보면 '외교관의 신체는 불가침'이며 '외교관은 어떠한 형태의 체포 또는 구금도 당하지 아니하고' '접수국은 상당한 경의로서 외교관을 대우하여야 하며 또한 그의 신체, 자유 또는 품위에 대한 여하한 침해에 대하여도 이를 방지하기 위하여 모든 적절한 조치를 취하여야 한다'고 명시되어 있다. 즉, 키르키즈스탄에 파견된 우리 국군은 주둔국의 '어떠한 형태의 체포 또는 구금'의 위협으로부터도 자유롭다. 전교조 전남지부의 논리대로라면 키르키즈스탄은 우리의 식민지다. 그들의 자주권은 우리 국군의 털끝 하나 다치지 못하니까.

미치도록 반미가 하고 싶었다. 전교조는 그래서 근거없는 이야기를 지어낸 것이다. 심정은 알겠는데 좀 알고 떠들었으면 좋겠다. 게다가 우리가 키르키즈스탄과 맺은 행정협정(SOFA)은 한국과 미국 사이의 행정협정보다 훨씬 불공평하다. 우리에게 무조건적으로 유리하게 되어 있다는 말씀이다. 미군이 면책특권을 가지는 경우는 '공무 집행'시에만 해당된다. 우리는 공무 집행이 아닌 경우에도 면책특권을 인정받는다. 키르키즈스탄 입장에서는 분해서 눈이 돌아갈 협정이다. 키르키즈스탄에도 우리처럼 열혈 교원노조가 있다면 매일 같이 자주권을 외치며 분신이라도 해야 할 판이다.

효순이, 미선이가 장갑차에 치어 숨진 이후 두 미군 병사는 무죄를 선고 받았다. 전교조는 이것이야말로 미국이 한국을 무시하는 처사이고 식민지 노예임을 만천하에 공표하는 것이라 속여 국민들을 광장으로 끌어냈다. 형사재판권을 돌려받아 두 소녀의 넋을 위로하고 이참에 주한미군을 철수시켜야 한다며 촛불을 유도했다. 아마 꽤 많은 학생들이 이런 허위를 사실로 알고 오랫동안 살아가게 될 것이다. 미국은 분단의 원흉이고 미국만 이 땅에서 나가면 모든 게 다 제 자리로 돌아오고 행복해 질 것이라는 신념을 가진 채.

전교조는 과연 자기들 자식들에게도 똑같이 가르칠까. 소생은 아니라고 생각한다. 어릴 때 잘못 들은 정보 때문에 나중에 그들의 아이들이 미군 부대 앞에 가서 죽창이라도 흔들어대면 그 얼마나 망신일까. 전교조는 이데올로기를 위해 사실을 왜곡했다. 왜곡된 사실은 우리 아이들의 정서를 왜곡했다. 심성을 구부려 놓았다. 나중에 사실을 알게 된 아이들이 인터넷에 올린 글을 보았다. '전교조에게 빼앗긴 학창시절'이라는 제목에서부터 '전교조 없는 세상에 살고 싶어요'까지 참 다양하다.

효순이 미선이 같은 사례가 미군과 행정협정을 맺고 있는 다른 나라에서는 없었을까. 있다. 1998년 이탈리아에서는 미 군용기가 스키장 리프트 케이블을 끊고 지나갔다. 20명이 죽었다. 조종사들은 무죄선고를 받았다. 열배나 많은 사람이 억울하게 죽었다. 그 일로 이탈리아에서 나라가 작동을 멈출만큼 극렬한 반미시위가 있었다는 이야기는 들은 적이 없다. 이탈리아 사람들이 착해서? 그들은 국제법을 준수했을 뿐이다. 옆 나라 일본에서도 수산고교 학생들을 태운 실습용 어선이 미군 잠수함에 받쳐 침몰했다. 9명이 죽었다. 물론 무죄였고 역시 일본에서 심각한 시위는 없었다. 이탈리아나 일본에서는 효순이 미선이 사태를 보면서 무슨 생각을 할까.

얼마나 뼛속까지 친미이기에 이렇게 미국을 옹호할까 싶은 분 계실 거다. 소생, 미국에 가 본 적도 없고 갈 일도 없으며 불가피한 사정 아니면 갈 생각도 없다. 반미니 용미니 미국과 관련된 별별 '미'들이 다 있지만 나는 아예 무미다. 어차피 의심도 샀겠다 옹호

발언 추가다.

“한국인과 미국인이 ‘사과’를 수용하는 틀 자체가 다르다는 사실을 나도 백악관도 잘 몰랐다. 끔찍한 일이 일어났을 때 누군가 법적 처벌을 받거나 사퇴하면서 책임을 지는 것이 도리라고 생각하는 한국 문화를 이해하지 못했던 것이다.”

효순, 미선양 희생사고 당시 주한 미국 대사였던 토머스 허버드의 말이다. 그는 덧붙여 이렇게 말했다. “만약 10년 전으로 돌아간다면 조지 W. 부시 전 대통령에게 나의 입을 빌리지 말고 직접 사과해야 한다고 더 강력하게 밀어붙였을 것이다. 우리는 대통령의 서면 사과가 한국인들의 분노를 키우리라고는 상상도 하지 못했다.”

그의 말에 따르자면 2002년 2월 동계올림픽 때 안톤 오노 사건(오노의 할리우드 액션으로 김동성이 실격 처리된 사건)부터 대규모 반미 시위까지 모든 상황이 ‘퍼펙트 스톰’에 가깝게  겹쳐 나중엔 손을 댈 수가 없을 정도였다고 한다. 그와 리언 라포트 당시 한미연합사령관은 6월 13일 사고가 발생하자마자 사고가 끔찍한 비극이었다는 점을 알았으며 연이어 사과 성명을 냈다. 용산에서 추모식을 열면서 최선을 다해 사과의 뜻을 표했다고 생각했지만 사고가 난 시점이 한일월드컵(2002년 5월 31일~6월 30일)의 정점

이어서 거의 주목받지 못했다고 아쉬워했다.

월드컵이 끝나고 사고가 재조명됐을 때는 이미 페르난도 니노, 마크 워커 등 두 병장을 미군 법정에 세우는 사법 절차가 논의되고 있었다. 여론이 악화되자 토머스 허버드와 콜린 파월 당시 국무장관을 통해 대통령에게 사과 표명을 하는 것이 좋겠다고 전달했고 대통령도 동의했다. 부시는 그해 11월 27일 사과 서한을 주한 미 대사관으로 보내 토머스 허버드가 읽도록 했다. 그것이 공식적인 사과라고 판단했다. 그러나 그의 말대로 그는 한국인의 정서를 제대로 읽지 못했다. 그들은 나름대로 최선을 다했다. 적어도 없는 사실을 지어내가며 학생들을 선동하지는 않았다.

이상, 대한민국 만세.

미군 2사단이 사고 석 달 뒤에 세운 효순·미선양 추모비. 비석에 새겨진 추모글은 "불의의 사고로 열다섯 꿈 많은 나이에 생을 접은 신효순과 심미선…"으로 시작한다. 추모글 마지막의 "미 2사단 일동" 부분은 누군가가 훼손한 흔적이 뚜렷하다

# 반미 사기교육의 현장을 가다

## -교육용 사진 조작하기

화끈한 수업을 하고 싶었다. 그런데 하나같이 사례가 구닥다리다. 최신판이 필요했다. 어떻게든 물꼬를 터야겠다는 강박증이 생길 무렵 전교조는 한 장의 사진을 발견했다. 걸프전 당시의, 일명 '탱크에 돌을 던지는 아이'다. 전교조는 이것이야말로 미제국주의의 야만성과 잔인함을 학생들에게 제대로 알릴 찬스라고 판단했다. 아시다시피 걸프전은 1990년 이라크의 쿠웨이트 무력침공에 대응하기 위해 미국 등 33개국의 다국적군이 벌인 전쟁이다.

사진은 전교조의 '반전평화공동수업자료집'에 실려 있는 것으로 미국의 침공에 맞서 어린아이가 탱크에 돌을 던지는 장면이다. 어린이까지 나서서 반미항쟁을 한다. 비슷한 또래이니 감정이입에는 이보다 좋을 수가 없다고 생각했을 것이다. 과연 효과는 훌

륭했다. 사진을 본 학생들은 전쟁의 참상과 민간인의 희생 그리고 가해자로서의 미군에 대해 적개심을 활활 불태웠다.

그런데 문제가 터졌다. 그 사진이 걸프전 때 사진이 아니었던 거다. 사진 속의 탱크도 미군 탱크가 아니고 투석하는 다윗, 어린아이도 이라크 소년이 아니었다. 사진 속의 탱크는 이스라엘의 탱크, 어린아이는 팔레스타인 소년이다.

촬영한 시기는 2002년 6월이나 7월경이고 장소는 베들레헴의 데이샤 난민촌. 사진의 출처는 electronic intifada.net인데 인티파다(intifada)는 팔레스타인인들의 이스라엘 저항운동이고 당연히 이 사이트는 그에 초점이 맞춰진 활동과 홍보를 담고 있다. 소개가 대략 이렇다. The Electronic Intifada is an independent online news publication and educational resource focusing on Palestine, its people, politics, culture and place in the world. 뭐 중요한 거 아니다.

전교조는 사진 오른쪽의 'AGAINST THE ISRAELI MACHINE'이라는 설명을 태연히 잘라내고 대신 사진 하단에 '걸프전 때 탱크에 돌을 던지는 아이'라는 설명을 달았다. 어떤 분들은 전교조를 감싸기 위해, 만든 사람들이 착각을 했을 수도 있다고 말하는데 사진에서 설명을 덜어내고 다른 글을 붙이는 게 어떻게 착각의 영역일까. 중요한 건 이거다. 이데올로기를 추구하는 조직에서 그 정도 범법 행위는 얼마든지 감행할 수 있다. 왜냐하면 자신들이 추구하는 목적은 절대 선이기 때문에 약간의 불법쯤은 양심과 상의할 필요가 없다. 전혀, 흠이 안 된다. 전교조는 가책없이 조작했고 주저하지 않고 교육 자료로 돌렸다. 한 장만 있으면 심심하니까 '방공호 속 공포의 바그다드 주민들', '불타는 유정의 검은 연기와 진격 중인 미국의 탱크, '미군의 불발탄이 터져 한 쪽 다리를 잃은 20살 청년', '고통 받는 이라크 어린이' 등의 사진을 함께 실었다. 전문 용어로 '몽타주 기법'이라고 한다. 여러 개의 팩트가 모여 하나의 총체적이고 거대한 사실을 구성하게 만드는 영화 기법이다. 결론은 짐작하다시피 '미국은 악의 제국'이다, 가 되겠다.

들통이 났고 항의가 빗발쳤다. 당시 전교조 통일위원장이었던 신모씨는 부랴부랴 성명서를 내놨다. 두 문장만 살펴보자.

> "전교조 통일위원회는 실수는 인정하지만, 이를 조작이라고 하는 데 대해서는 동의하지 않습니다."

많이 봤던 어투다. 이 말의 원조는 "사람을 죽였지만 고의는 아니었다" 정도 될 것이다. 대체 이 문장의 정체는 무엇일까. 실수는 하였으나 동의하지 않으니 잘못으로 몰아가지 말아 달라? 전교조는 정치인이 아니다. 이들은 교사다. 교사가 이런 해괴한 논리를 세상에 펴도 되는 것인지 나는 모르겠다.

> "이 실수를 계기로 전교조 통일위원회는 앞으로 자료를 만들어 배포하기 전에 반드시 검토 절차와 결재 과정을 거친 후에 배포하기로 했습니다."

전교조 통일위원회가 얼마나 대단한 조직인지는 모르겠다. 그러나 검토와 결재는 교육과학기술부에서나 할 수 있는 말이다. 일개 노동조합의 하부 조직에서 교육 과정을 스스로 검토하고 스스로 결재한다? 발상이 놀랍기만 하다. 전형적인 전교조 중심의 사고, 나만 착하다, 이다.

전교조가 벌인 이런 수업을 보통 '계기수업' 혹은 '시사교육'이라고 한다. 국내외 중요한 사건이나 사안이 있을 때 자료를 만들어 적절하게 교육용으로 활용한다는 취지다. 그만 했으면 좋겠다. 도를 넘는 주제넘은 이런 교육 불편하다. 아이들은 말한다. "참교육은 됐구요 그냥 교육이나 잘 시켜주세요."

이상, 대한민국 만세.

# 한미 FTA와 광우병

2007년 전교조 정진화 위원장은 긴급 호소를 통해 이렇게 말했다.

"우리 아이들에게 뼈있는 쇠고기를 먹일 수 없지 않습니까? 미국 쇠고기가 들어오면 가장 먼저 사용될 곳이 대규모 식당이고 바로 학교 급식입니다. 이제 다시 촛불을 들고 거리로 나섭시다. 교사가 있어야할 곳은 교실만이 아닙니다. 우리 제자들을 위하여 망국적 한미 FTA 협상을 막아냅시다."

매우 고급스러운 담화다. 성격 급한 일선 전교조 교사들은 이렇게 말했다.

"미국산 소고기 먹으면 다 죽어. 그러니까 빨리 나가서 촛불 들어."

한 학생이 손을 들었다.

"광우병 소고기 먹으면 죽는 건 알겠는데요, 근데 먹어야 죽지요."

광우병 걸린 소를 먹느니 청산가리를 먹겠다고 말한 여배우의 말은 틀리지 않다. 구슬이 꿰어야 보배이듯 광우병 소고기도 먹어야 죽는다. 광우병 아닌 소를 가지고 난리를 쳤다. 그래서

나라가 엉망진창이 되었다.

대통령이 쥐가 되었다.

광우병 소가 아니었다. 방송에 속고 전교조에 속아 거리 캠핑을 백 여일 가까이 했다. 첫 집회 때 구성원의 60% 이상은 여고생들이었다. 사랑하는 연예인 오빠들이 소고기 먹고 죽을까 봐. 그 방송국이 얼마 전 긴 파업을 했다. 파업이 남긴 교훈은 하나였다. 우리의 삶에서 '무한도전'이 얼마나 중요한가. 허무하지만 그냥 그게 다다. 그 난리를 치고도 돌아보면 정말 그게 다다.

이제는 다들 아는 얘기라 짧게 썼다. 이상, 대한민국 만세.

명랑
소설
#4

## 다까기 마사오의 나라 vs 도요다 다이쥬의 나라

먼 훗날 사가(史家)들은 21세기 초반의 한반도를 이렇게 서술할지 모르겠다. '당시 한반도는 3국 2체제였다. 북쪽에는 시장 경제에 흥미가 없는 김씨 왕조가, 남쪽에는 특이하게 같은 땅을 공유하는 두 개의 나라가 있었는데 이 둘은 서로를 폄하하여 상대를 각기 '다카키 마사오의 나라'와 '도요다 다이주의 나라'로 불렀다. 둘은 물어뜯고 싸우는 데 이골이 났던 터라 일단 반대부터 한 뒤에 사안이 무엇인지 물었으며, 그 안이 예전 자신이 주장한 것일 경우 무안함을 감추기 위해 더욱 결사적으로 반대했다.'

최근 신문 정치면을 보다가 든 생각이다. 정말이지 현실은 난해하다. 어지간히 기억력이 좋은 사람이 아니면 날짜 지운 신문을 펼쳐놓았을 때 순서대로 배열하는 게 불가능하다. 도대체 일의 순서와 발언이 일치하지 않으니 나 원 참….

압권은 한·미 FTA다. 노무현 정권이 추진했다. 이명박 정권이 마무리 지었다. 다음 권력을 노리는 노무현 정권의 사람들이 그걸 폐기하겠다고 한다. 좀 이상하지 않은가. 이 세 문장이 순행하려면 '이명박 정권이 마무리 지었다' 뒤에 '다음 정권이 보강하겠다고 했다'가 따라와야 한다. 물론 폐기를 주장하는 이유는 있다. 오바마 대통령에게 보낸 공개서한을 보니 부록으로 독소 조항 10개가 달려 있다. 그런데 그 10개 중 9개는 노무현 정권에서 합의한 내용이고 현 정권에서 추가한 것은 달랑 하나뿐이다. '자동차 세이프가드(일정 물량 이상 수입이 늘어날 때 관세를 복원하는 조처)'조항인데 듣자 하니 관련 업계에서는 "상관없다. 발효나 서둘러 달라"고 한단다. 이해 당사자가 괜찮다는데 반대하는 이유는 대체 무엇일까. 혹시 당사자들의 지능을 신뢰하지 않기 때문일까. 가르쳐 주기 싫은, 우리가 모르는 심오한 경제 논리라도 있는 것일까.

결국 '들보 전쟁'이다. 내가 할 때는 잘 몰랐는데 남이 하니까 문제가 심각하다고 느끼는 특이한 병증 환자들이 벌이는 질병성 전쟁이다. 그냥 '네'가 하니까 싫은 거다. 말의 앞뒤가 심하게 어그러지면서 골병드는 사람이 늘어난다. 한·미 FTA, 제주 해군기지를 반대하면서 막상 공천 면접장에서는 두 가지를 강력하게 추진했던 '노무현 정신'이 뭐냐는 질문이 튀어나온다. 답변하는 입장에서는 뭐라고 해야 할까. 개그 프로그램인 코미디 빅 리그 식으로 말하자면 "이런 면~접 같은 경우"다. 현실은 난해하고 백성들은 난처하다. 난처한 이유는 대안이라고 여겨왔던 사람들이 자기 정체성을 믹서에 넣고 갈아버렸기 때문이다. 한·미 FTA, 제주 해군기지를 예로 들었지만 이게 아니더라도 뭐든 찾아내서 반대했을 것이다. 정말 유권자들이 싫은 건 이런 반대를 위한 반대가 계속해서 꼬리를 물 것이라는 것, 그리고 목적의식적 단기 기억 상실자들이 치료를 거부하면서 계속 정치에 등장해서 우리를 현혹하고 괴롭히며 때로 사정하고 가끔 협박하는 세월이 또 반복되리라는 예감이다. 대체 이 전쟁은 언제 끝이 나고 미래의 한국사 해당 페이지에는 이 전쟁의 마지막이 어떻게 기록될까.

사가들은 20세기 중반 한반도에 대해서 어떻게 이야기할지 궁금하다. 소생이라면 이렇게 쓸 것 같다. '침략자 섬나라가 물러가자 나라가 둘로 쪼개졌다. 남쪽은 가난을 싫어했고 북쪽은 부자를 싫어했다. 남쪽에서는 가난이 사라졌고 북쪽에서는 부자가 사라졌다.'

## 좌파? 우파? 보수? 진보?
## 알아 두면 쓸모 있는 정치 철학 이야기

**사례 A)**

우연히 읽은 신문 기사 중 일부다.

신자유주의를 신랄하게 비판해온 이들에게 '당신은 신자유주의자'라고 말하면 어떨까. 장하준 케임브리지대 교수 등은 경제민주화와 재벌개혁을 외쳐 온 진보·개혁 성향 경제학자들을 '좌파 신자유주의'라고 비판했다. 논쟁이 격화되자 장 교수는 "그들이 신자유주의라는 말은 아니다"라고 밝히기도 했다.

겨우 세 줄짜리 기사에 정치철학 용어가 네 개나 들어있다. 이 기사를 읽고 정확한 의미를 알아차릴 수 있는 사람은 과연 몇 명이나 될까. 실은 나도 잘 모르겠다. '좌파 신자유주의'라는 게 성립 가능한 개념인지도 판단이 안서고 '진보 개혁 성향'이라고 할 때의 '진보'와 '개혁'이라는 두 개의 단어가 너무나 자연스럽게 붙어있는 것도 고개를 갸웃거리게 하는 대목이다.

**사례 B)**

최종 학력 대졸, 현재 중소기업 과장인 김씨(30세)에게 물었다. 당신은 보수요 진보요. 망설이지 않고 진보라고 대답한다. 아무래도 진보가 좀 '진보적'으로 보이니까. 다시 물었다. 그럼 당신은 좌파요 우파요. 이번에는 시간이 좀 걸린다. 글쎄, 아주 좌파는 아닌 것 같고 중도 좌파? 질문에도 없는 중도라는 용어가 등장한다. 마지막으로 물었다. 그럼 결론적으로 댁은 좌익이오? 김씨, 좌익 소리를 듣자 발끈한다. 이 사람이 지금 누구를 빨갱이로 모는 거야?

신문 기사가 난해하고 김씨의 답변이 오락가락하는 이유는 우리가 용어를 원래의 의미가 아니라 제멋대로 바꿔서 사용하기 때문이다. 인터넷 뒤져봐도 별 뾰족한 지침이 없다. 네이버 지식인은 말할 것도 없고 심지어 위키백과에도 '좌파(左派) 또는 좌익(左翼)은 정치 이념 분포에서 우파의 반대편에 위치하며'라며 아예 둘의 혼용을 장려하고 있다. 일단 용어의 정확한 뜻이나 알고 살자. 기사 해독이나 자신의 정치적 성향을 규정하는 일은 그 다음 일이다. 기특하게도 마침 제자 하나가 용어에 대한 질문을 했다. 문답을 그대로 옮긴다. 편안하게 읽으시라고 어투도 바꾸지 않았다. 정확한 설명을 위해서 양동안 선생의 '사상과 언어'를 참조했다. 일독을 권한다. 아주 좋은 책이다.

## 좌파? 우파? 대체 기준이 뭐에요?

한자 문화권에서는 사상적인 성향이 같은 무리를 익(翼)이라고 해.

다음으로 같은 경향이지만 그 안에서 별도의 정치 세력을 만든 경우 이를 당(黨)이라고 불렀어. 우리 역사를 보면 붕당(朋黨)이란 단어가 나오잖아. 그런데 같은 당 안에 있는 사람들끼리라도 매사 다 같은 입장이 아니야. 사안에 따라 당연히 입장이 갈린다는 말씀. 이때 개인적인 친분이나 특정 정책에 대한 동의를 같이 하는 집합을 파(派)라고 해. 그러니까 그 세력의 크기에 따라 익(wing) 〉 당(party) 〉 파(faction)의 순이 되는 거지. 이것만 기억해도 어지간한 신문 정치 기사는 기준을 가지고 읽을 수 있어. 가령 대통령과 별로 안 친한 새누리당 의원이 있다고 쳐. 그럼 그 의원은 '우익 새누리당 비MB파'가 되는 거야(물론 새누리당이 제대로 된 우익이라는 얘기는 아니지만).

그럼 좌파는 대체 뭐냐. 좌파란 고정개념이 아니라 상대적이고 유동적인 개념이야. 모든 당에는 그 구성원의 성향에 대부분 좌파와 우파가 존재하거든. 새누리당에도 좌파가 있고 반대로 통합 진보당에도 우파가 있는 거지. 그러므로 현실 정치를 논할 때 좌파, 우파로 편을 가르는 건 심각한 난센스야. '파'가 가장 하위 개념이기 때문이지. 예를 들어 '저 사람은 좌파야' 라고 말하면 듣는 사람은 경우의 수를 세 개나 떠올려야 해. 1. 좌익 2. 좌익 정당 내의 좌파 3. 우익 정당 내의 좌파. 부연 설명 없으면 절대 못 알아들어.

## 좌익이란 단어를 기피하는 이유

김씨는 좌익이라는 말에 왜 발끈했을까. 김씨가 성을 낸 이유는 '익'이란 단어에 담긴 한국 사람만의 역사적 기억과 뉘앙스 때문이야. 해방공간을 이야기 할 때 우리는 보통 '좌, 우익의 대립'이라는 표현을 쓰잖아. 당시 좌익은 공산당 혹은 '빨갱이'의 또 다른 표현이었어. 해서 김씨는 빨갱이가 연상되는 좌익 소리가 듣기 싫은 거지. 그런 이유로 우리나라 좌익들은 자기들을 지칭할 때 절대 좌익이라고 안하고 꼭 '좌파'라고 해. 꼼수지.

좌익과 우익을 이해하기 위해서는 18세기 프랑스 혁명 직전까지 거슬러 올라가야 해. 당시 프랑스 황제였던 루이 16세는 1775년 영국과 미국 사이에 독립전쟁이 벌어지자 미국에 엄청난 물자를 지원해 줘. 아시다시피 프랑스와 영국은 앙숙 중의 앙숙이었거든. 덕분에 프랑스 곳간은 거덜이 났어. 국가 재정이 빈혈상태에 이르자 루이 16세는 세금 징수 확대를 위해 3부회를 소집해. 아시다시피 제1 신분은 성직자, 제2 신분은 귀족 그리고 제3 신분은 평민. 전국 3부회는 1789년 5월 5일 베르사유 왕궁에서 열렸지. 이 때 성직자와 귀족은 회의장 오른쪽에 앉고 평민들은 왼쪽에 앉았어. 원래 서구 기독교 문명에서는 오른쪽이 우월하고 왼쪽이 열등한 것을 상징하거든. 이게 1차로 좌, 우익이 갈린 사건이야. 그런데 의결 방법을 놓고 충돌이 생겼어. 전체 1,214명 중 621명으로 인원수가 가장 많았던 평민들은 전체 회의를 통한 무조건 다수결! 성직자와 귀족들은 각 부별로 의결한 다음에 그걸 취합하자는 의견. 그러면 2(성직자, 귀족) : 1(평민)이 되니까. 왕은 당연히 승려와 귀족들의 편을 들었어. 열 받은 평민들은 자신들을 국민회의라고 부르면서 농성을 시작했지. 농성이 길어지면서 자유주의 사상에 물든 일부 승려와 귀족들이 합류했고 결국 왕이 손을 들었어. 바스티유 습격 사건으로 대표되는 프랑스 혁명이 진전되면서 봉건제가 폐지되었지. 신분제가 사라진 후 국민회의 대표들은 신분에 따라서가 아니라 사상과 의견에 따라 회의장 안에 자리를 잡았어. 의회 오른쪽 좌석은 상석이니까 특권층의 차지가 되었지. 성직자와 귀족 계급에서 배신자가 나온 것처럼 평민들 중에도 입헌군주제에 찬성하는 사람들은 오른쪽에 가서 앉았고. 당이라는 개념이 없던 시절이니까 사람들은 이것을 보고 좌익, 우익이라고 구

프랑스 3부회를 묘사한 그림. 국기도 그렇고 3이라는 숫자를 참으로 좋아하는 프랑스 사람들

분하여 불렀어. 이게 본격적인 좌익과 우익의 출발이야.

루이 16세가 절단나면서 입헌군주제를 추구하던 우익이 사라졌어. 당연하지. 왕이 죽었는데. 우익이 없어지니까 이번에는 평민들의 자유주의 세력 내부에도 균열이 생기고 둘로 갈려 온건파는 우익, 과격파는 좌익이 되었어. 이게 유행처럼 전유럽으로 번졌고 변화를 거부하거나 느린 것을 좋아하면 우익, 빠르고 과격하면 좌익이라는 공식이 성립되었지. 그런데 이 역시 상대적이어서 보다 과격한 집단이 등장하면 기존의 과격파는 저절로 우익이 돼. 공화제를 주장하던 인물들은 초기에는 좌익이었지만 사회주의가 등장하면서 우익이 되었고 좌익의 자리를 사회주의에 넘겨주었지. 1917년 러시아 혁명을 통해 사회주의 세력이 정권을 장악하자 사회주의 세력을 좌익으로 부르는 호칭법이 전세계적으로 보편화되었어. 당연히 자본주의를 지지하는 세력은 우익이 되었고.

## 좌경 세력은 좌익 세력과 같은 말인가요?

80년대 학생 운동권을 지칭할 때 보통 언론에서 좌경 세력이라고 불렀지. 좌경은 좌익과는 달라. 일단 사회주의 쪽으로 기울어지면(left-leaning) 좌경, 자본주의 쪽으로 기울면(right-leaning) 우경이라고 해. 자본주의 사회에서 좌경분자라고 하면 자본주의 자체를 부정하는 사람을 말하는 게 아니야. 자본주의는 유지하되 사회주의의 장점을 좀 들여옵시다, 하는 사람이 좌경분자가 되는 거지. 더 쉽게 말하자면 버스가 갑자기 우회전을 해. 그러면 승객들이 왼쪽으로 우르르 쏠리겠지? 지나치게 어느 한 쪽으로 몰려갈 때 이런 경향이 나타난다고 보면 되는 거야. 그렇다고 승객들이 버스 자체를 거부하는 거 아니잖아. 이게 좌경이야. 그런데 당시 학생 운동권은 명백한 좌익이었거든. 사회주의 혁명을 꿈꾸었으니까. 그래서 좌경 소리를 들으면 은근히 좋아했어. 살인죄를 저질렀는데 강도로 한 단계 낮춰 불러주는 셈이었으니까.

## 진보는 좌익의 전유물?

아까 김씨의 사례처럼 대부분 사람들은 보통 자신이 진보라고 얘기 하지. 나는 보수요, 하면 노티나고 고리타분해 보이잖아. 그럼 진보란 대체 뭐냐. 진보라는 단어는 해방직후부터 쓰이기 시작했어. 공산당이 자신들의 정책을 말하면서 '진보적 민주주의'라는 표현을 자주 썼거든. 물론 그들이 말한 진보는 사회주의를 하자는 것이고 민주주의는 실제로는 인민민주주의를 말하는 거지만. 6·25 김일성 전쟁이 터지면서 공산당은 지하로 숨고 덩달아 진보라는 말도 사라져. 진보라는 단어가 다시 등장한 것은 1956년 진보당이 창당되면서 부터야. 역시 이들이 주장한 진보는 '민주주의적 사회주의' 실현이었지. 진보당 당수 조봉암과 간부들이 간첩 사건으로 체포되면서 진보라는 단어는 다시 한국사회에서 모습을 감춰. 진보가 다시 등장한 것은 80년대 중반부터야. 혁명 운동권이 스스로를 '진보 세력'이라고 부르기 시작한 거지. 이전까지는 '양심적 지식인'같이 애매한 표현을 썼거든. 노동자, 농민, 양심적 지식인 어쩌구 하면서. 일종의 통일전선 전략에 따른 프로파간다 전략이랄까. 한국 현대사에 세 번이나 등장한 진보라는 단어는 요즘은 '세상을 보다 좋은 상태로 변화시키려는 세력이나 노력'으로 이해하기 쉬운데 실은 그런 뉘앙스의 진보와는 한참 거리가 멀어. 어원을 보면 알지.

## 진보(progress)란 대체 무엇일까

세상을 보다 좋게 만든다, 라고 할 때 이런 질문을 던져 볼 수 있지. 보다 좋은 세상? 그게 대체 어떤 건데? 사람에 따라서는 일하는 것보다 놀기 좋은 환경이 조성되는 것을 좋은 세상이라고 할 수도 있고 또 어떤 사람은 경건한 사회 분위기를 좋은 세상이라고 생각할 수도 있어. 구체적인 기준이 없는 거지. 진보에 대해 정확한 규정을 내린 사람은 마르크스야. 마르크스는 낮은 단계의 생산양식에서 높은 단계의 생산양식으로 옮겨가는 것이 바로 진보라고 주장했어. 그러니까 노예제 생산양식에서 진보한 것이 봉건제

생산양식, 봉건제가 진보된 것이 자본제 마지막으로 자본제가 한 단계 더 진보된 것이 사회주의라는 논리야. 그러니까 진보라는 단어는 사회주의에 가깝게 접근했는가가 기준이 되는 거지.

## 리버럴(자유주의)까지 먹어치운 좌익 세력

우리나라에서는 미국의 liberal과 proressive를 똑같이 '진보적'이라고 해석해. 이건 심각한 문제야. 왜냐하면 미국에서 자유주의자(liberals)는 자유민주주의 정치 체제와 자본주의 경제체제를 존중하면서 그 안에서 정부의 역할 확대, 도덕적 엄격성의 완화, 사회적 약자 계층에 대한 배려 확대를 주장하는 사람들을 말하거든. 자유주의로 번역해야 맞고 자본주의를 기본으로 한다는 점에서 앞서 말한 좌경과 비슷하지. 미국에서도 사회주의자들은 자신들을 진보(progressives)라고 불러. 그런데 그건 자기들 주장이고 미국 사회에서는 이들을 과격세력(radicals)이라고 하지. 즉, 사회주의=과격세력. 그러니까 우리나라에서 진보라고 스스로 호칭하는 사람들에 대한 정확한 호칭은 과격 세력이야. 하긴 우리나라의 한 좌익 그룹이 발행하는 '진보평론'이라는 책이 있는데 그 책의 영어 제호가 'The Radical Review'야.

## 진보주의? ism만 붙이면 다 주의가 될까

최근 유행하는 단어 중에 진보주의라는 게 있어. 진보에다 주의(ism)을 붙인 건데 이건 진짜 웃기는 조어야. 왜냐하면 진보라는 건 아까 말한대로 사회주의에 근접해 간다는 의미 외에는 그 뜻이 전혀 없는 빈 낱말이기 때문이지. 누구나 진보를 꿈 꿔. 더 나은 세상을 바라지 않는 사람은 없지. 그렇다고 거기에 '주의'까지 붙이는 건 난센스의 절정이라고 봐.

## 보수주의 그리고 보수의 진정한 의미

우리나라 사람들은 좌익이라는 말 만큼이나 우익이라는 표현에도 거부감을 느껴. 일단 '구리'게 들리잖아. 미국의 경우 우익과 보수 세력이 같은 의미로 사용되지만 말이야. 보수라는 단어의 원래 의미와 현재 한국 사회에서 통용되는 보수의 의미는 많이 달라. 현재 한국 사회에서 보수라는 명칭은 좌익들이 붙여준 거야. 스스로를 진보 세력이라고 했으니 그에 상대되는 집단에 대해서도 이름을 붙여줘야겠지. 그게 보수야. 수구도 역시 그들이 붙인 명칭이고. 보수는 기본적으로 현재를 고수한다는 의미를 갖는데 사회가 안정되어 있으면 당연히 보수가 가장 지지를 많이 받겠지. 그런데 지금 우리 상황은 죄다 바꾸자 일색이잖아. 그러니까 그걸 가로막는 보수라는 단어는 일단 그 뉘앙스만으로도 젊은 층의 반발을 사는 거지. 좌익들이 노린 바이기도 하고. 그런데 실은 보수주의라는 사상은 하나의 완전한 체계를 갖춘 매우 유서 깊은 사상이야.

## 보수주의의 뿌리를 찾아서

에드먼드 버크의 동상. "선의 방관은 악의 승리를 꽃피운다" 는 멋진 경구를 남겼다

보수주의의 기원 역시 프랑스로 거슬러 올라가. 입헌군주제를 옹호하던 온건한 왕당파 프랑스와 드 샤토브리앙이 1818년 파리에서 창간한 잡지의 제목으로 처음 사용했지. 이 잡지가 발행된 후 보수주의는 과격하고 급진적인 혁명 대신에 온건한 방법에 의해 점진적인 변화를 추구하는 사람들을 가리키는 말이 되었어. 보수주의는 대륙과 바다 건너로 퍼져나갔는데 1830년에는 미국의 공화주의자들이 스스로를 보수주의자로 자처했고 1832년에는 영국의 왕당파 정치세력인 토리당이 보수당을 자신

들의 공식 당명으로 채택했지. 현대 보수주의의 아버지는 영국의 정치가이자 사상가였던 에드먼드 버크야. 버크가 쓴 '프랑스 혁명에 대한 고찰'은 책을 쓰기 1년 전에 발생한 프랑스 혁명을 분석한 책인데 그는 여기서 급진적인 정치 변혁을 추구하는 프랑스 혁명은 결국 프랑스 국민을 공포 정치와 독재의 탄압으로 밀어넣게 될 것이라 예언했고 실제로도 그렇게 되었지.

보수주의는 체계적인 사상적 이론을 가진 현대의 3대 이데올로기야. 나머지 두 개는 자유주의와 사회주의. 보수주의가 주장하는 것은 급격한 사회 변화는 반드시 공동체 구성원들의 불행을 초래한다는 거지. 그래서 공동체의 운영에 있어서 기존의 전통과 경험을 존중하고 필요한 변화는 점진적으로 추진하자는 주장이야. 그리고 중요한 것 하나. 보수주의가 보수하려는 것은 기존의 상황이 아니라 기존의 삶과 역사 속에 녹아있는 지혜.

## 자본주의와 자유시장경제체제

우리가 흔히 쓰는 단어인 자본주의(capitalism)는 실은 사회주의자들이 붙여준 이름이야. 마치 좌익들이 자신들을 진보라고 칭하면서 상대를 보수로 부른 것처럼. 정확한 명칭은 자본주의가 아니라 '자유시장경제체제'가 맞아. 자유시장경제가 성립하려면 네 가지 요소가 충족이 되어야 해. 사유 재산권 보장, 자유로운 이익 추구활동 보장, 자유경쟁분위기 조성 마지막으로 선택의 자유. 사회주의자들은 자신들이 지향하는 경제체제가 사회적인 것을 중시하는 반면 자기들이 반대하는 자유시장경제체제는 자본을 우선시 한다고 해서 붙인 이름이지. 물론 자유시장경제체제에도 무제한 허용이 아니라 국가는 개입을 해. 그러니까 우익이니 좌익이니 진보니 보수니 하는 건 결국 시장과 정부(국가)의 비중이 어느 쪽이 큰가 혹은 커야 하는가라는 주장을 놓고 갈리는 셈이지.

## 이데올로기가 뭐길래

마지막으로 이데올로기! 참 말도 많고 탈도 많은 용어지. 결론부터 얘기하자면 이데올로기는 매우 사적(私的)으로 해석한 세계관, 말하는 사람의 이익에 철저히 부합되는 사고의 체계야. 이데올로기란 용어가 익숙해진 것은 1960년 대니얼 벨의 책 '이데올로기의 종언' 때부터이고. 이전에는 사상(思想)이라는 모호한 말로 불렀지. '이데올로기의 종언'은 간단하게 말해 마르크스에 대한 사적인 사형 선고야. 일종의 반공도서인 셈인데 대니얼 벨이 1950년대, 변화를 앞 둔 미국 사회를 보니까 계급이고 투쟁이고 자본가고 노동자고 다 의미 없고 완전 새로운 세상이 올 거 같거든. 자본주의(자유시장경제체제)의 완승으로. 그러니까 그 세상에서는 마르크스가 더는 약발이 안 받을 거다, 단정한 거지.

우리 사회에서는 '이념'과 '이데올로기'가 마구 섞여 쓰이는데 일단 둘을 구분해야해. 이념은 보편적 타당성을 가진 올바른 목표 가치 혹은 사물의 추상적인 완전형태야. 이데올로기는 앞서 말한 대로 진실과 허위, 객관적인 타당성을 가진 관념과 주관성이 섞여 있는 상태지. 그래서 이데올로기는 부정적인 의미로 사용되는 것이 보통이야. 정리하자면 이념은 완전한 상태 그리고 이데올로기는 결핍이나 과잉 상태? 이데올로기는 그것을 주장하는 사람의 이익에 봉사한다는 말이 있는데 정확한 표현이야. 좌익들은 자신의 신념인 사회주의에 대해서는 반드시 이념이라는 말을 사용해. 반대로 기피하는 사상에 대해서는 꼭 이데올로기라고 쓰지. 그럼 문제 한번 맞춰 볼래? 다음 중 맞는 것은 ○표, 틀린 것은 ×.

이데올로기 비판 교육(　)
사회주의 이념 반대 (　)
진보주의 이념 추구(　)
자유민주주의 이데올로기를 신봉(　)
지금은 탈(脫) 이념 시대(　)

지금까지 설명한 것은 정치 철학의 뼈대 중 척추나 다름없는 것들이야. 이것만 잘 구분해서 써도 훨씬 세상이 명료하게 보이지. 그런데 이런 건 좀 있어. 나도 가끔 '이념 파탄자' 같은 말을 만들어 쓰거든. 정확히는 이데올로기 파탄자가 맞지. 그런데 이념이라는 단어를 쓴 이유는 말맛이 달라서야. 중후하고 임팩트가 강하지. 일부러 그리 쓰는 것이니 시비 걸지 말고. 하여간 알고나 살자고.

* 눈썰미 좋은 독자라면 이 책의 앞부분에서도 이데올로기라 써야 할 것을 이념으로 쓴 것을 기억하실 듯.

---

이데올로기 비판 교육(○)
사회주의 이념 반대(×)
진보주의 이념 추구(×)
자유민주주의 이데올로기를 신봉(○)
지금은 탈(脫) 이념 시대(×)

명랑
소설
#5

## 청춘들아 아프냐… 나도 아프다

'아프니까 청춘이다'가 대세다. 진단인지 선언인지 모호하던 것이 이제 거의 시대정신 수준이다. 과연 강의실에 들어가 보면 환자 천지다. 눈 감고 병든 닭 포즈를 하고 있거나 눈을 떴으면 얼굴도 같이 누렇게 떴다. 강의 시간에 졸아도 잔소리를 못한다. 아프다는데. 약식으로 간담회를 했다. 그래 어디가 아프니. 애들이 하하 웃는다. 병원도 아니고 선생님 참 재미있으시다.

실은 나도 아프다. 몸이 아프다. 쑤시고 삐걱거리고 결린다. 의사가 하는 말이 운동부족으로 근육이 계속 없어지고 있기 때문에 조금 있으면 척추를 지탱하지 못해 주저앉고 말 거란다. 이순신 장군의 일기에도 두 번째로 많이 나오는 말이 '나는 몸이 아프다'이다. 고로 아프니까 중년이다, 했더니 옆에서 노모가 거든다. 얘야, 나도 아프다. 마음이 아프단다. 잊혀지는 것 같아 야속하고 무시당하는 것 같아 서럽고. 그렇다. 아프니까 노년이다. 통합하면, 아프니까 인생이다. 아령을 매달고 고해(苦海)를 건너는 게 인생이다.

‘살불살조(殺佛殺祖)’, 가와바타 야스나리가 노벨상 타고 내뱉은 말이다. 외국인 기자들이 해석하다가 뒤집어졌다. 허, 부처를 죽이고 할아버지도 죽이라네? 오해였다. 첫 번째 살(殺)은 ‘믿지 말라’의 의미였고 두 번째 살(殺)은 ‘의지하지 말라’는 뜻이었다. 제대로 옮기면 부처의 말을 교조로 삼지 말고 옛 선사들의 가르침에도 휩쓸리지 말고 수행에 전념하라, 뭐 이런 뜻이었던 것이다. 아이들에게 이 얘기 해 주고 싶었다. 아픈 거 안다고. 엄살이 아니라는 거 안다고. 그런데 불행히도 심란은 이제 시작일 뿐이며 앞으로 꾸준히 통증의 나날이 기다리고 있다고. 그게 인생이라고. 대신 지나간다고. 그러니 고민 들어주고 고개 끄덕여주는 어른들에게 속지 말고 스스로를 믿으라고. 기대지도 의존하지도 말고. 그리고 희망은 자주 절망으로 바뀌기 때문에 정신건강에 더 유해할 수 있으며 차라리 낙관주의로 무장하는 게 전술적으로 유리하다고. 선생님, 위로가 안 돼요. 이 현실을 안 살아봐서 모르시는 거라고요. 그래? 그럼 이 현실은 어때?

쾅! 한밤중, 정보과 형사들이 들이닥친다. 미란다 원칙은 과감히 생략하고(하긴 수입되기도 전이다) 바로 수갑을 채운 뒤 복부에 몇 차례 프리 킥을 질러 넣는다. 다음 상황은 더욱 황당하다. 한 번도 들어본 적이 없는 이름을 대며 어디 있느냐고 족친다. 모르겠다고 하면 욕조에 처박고 폐활량 테스트를 한다. 전선을 연결해 인간의 전도체로서의 가능성도 테스트한다. 이 과정에서 탁 치면 억 하고 횡사하기도 하고 여학생의 경우 순전히 사적인 용도로 치마를 내리기도 한다. 운이 나쁘면 군대에 끌려가서 몇 달 후 이유는 알 수 없으나 어쨌든 죽었음, 하는 통지서 한 장으로 돌아온다. 가족과 친구들이 모여 눈에서 피를 흘린다. 영화 줄거리가 아니다. 80년대 이 땅의 청춘이라면 누구나 겪을 수 있는 상황이었다. 어때, 만만치 않지? 이만하면 아팠던 거 맞지?(노모가 슬그머니 끼어든다. 니들이 6.25를 안 겪어봐서 그래)

청춘들, 세상은 바뀝니다. 경제도 권력도 결국 여러분의 차지예요. 그러나 때가 이르러도 준비가 철저하지 못하면 수확은 다른 사람의 몫이라는 사실을 명심! 그 어떤 세상이 와도 평등한 삶이란 없답니다. 인간이라는 종의 특질이 그래요. 엄살 아닌 것 알아요. 하지만 이제부터가 시작입니다. 그러나 이 또한 지나가리라. 청춘아, 이것이 인생이다, 라는 뻔한 말 밖에 떠오르는 게 없네요. 인생에, 특별한 위로는 없는 것 같습니다.

# 4부
# 그람시(A. Gramsci)를 아십니까

# 대체 왜
# 어린 학생들을 물들이지 못해
# 안달일까

좌파들의 역사 교과서인 '대한민국史'를 쓴 한홍구 교수는 또 다른 저서인 '특강'이란 책에서 전교조에 대한 소회를 풀어놓고 있다. 교육 문제를 이야기 할 때 빼 놓을 수 없는 것이 전교조라면서 처음 등장했을 때 굉장한 국민들의 지지를 받았다, 고 적었다. 한홍구 교수가 진단하는 현재의 전교조는 대한민국의 선진화를 가로막는 가장 큰 장애물이란 이유로 이명박 정권과 조중동이 기를 쓰고 죽이고 싶어 하는 공격 목표다. 그 이유를 이렇게 설명한다.

"이런 생각이 지난 촛불 시위를 거치면서 더욱 강화된 것 같아요. 촛불 시위 때 중고등학생들이 먼저 들고 일어났잖아요. 촛불시위를 기존 운동권, 좌파가 먼저 시작했다면 핑계가 좋았을 텐데 중고생이 먼저 나왔습니다. 왜 학생들이 먼저 거리로 나왔습니까? 저쪽 동네에서 통용되는 정답은 전교조 빨갱이들이 새빨간 교과서로 아이들을 버려 놓아서 그렇다는 겁니다. 그렇다면 어떤 대책이 필요할까요? 당연히 새빨간 교과서를 없애야 한다, 전교조 빨갱이를 퇴출시켜야 한다는 거죠. 사실상 그런 방향으로 차곡차곡 가고 있습니다. 올해와 내년 밖에 시간이 없다고 압도적인 공세를 펼치고 있어요."

대략 맞다. 친절하게 '저쪽 동네'의 정답이란 표현까지 써가며 현재의 전선을 분석한다. 그러나 그게 전부일까. 왜 남한의 좌익들이 교육 운동을 통해 학교와 아이들을 장악하려는지 설명이 없다. 하긴 그것까지 말해주긴 싫었을 것이다. 참교육이라는 허울 좋은 구호 아래 숨어있는 진짜 속셈을 폭로할 필요는 없을 테니까. 전교조는 한국 사회에서 특별하게 발생한 교육 운동이 아니다. 코민테른 이후 펼쳐진 전세계 좌익 운동의 연장선상에서 그 공식과 정책을 실현하는 조직이라고 말한다면 너무 과한 진단일까. 물론 그렇지 않기를 바라지만 의혹을 지우기는 쉽지 않다. 이쯤에서 전교조의 뿌리로 추정되는 것을 한번 살펴보자.

# 누구세요? 그람시
## -세상을 저주한 붉은 천재

안토니오 그람시라는 인물이 있다. 1891년 이탈리아의 사르디니아 섬에서 태어난 공산주의자로 이탈리아 공산당의 창건자이다. 대단한 두뇌의 소유자로 '혁명업'계의 갈릴레오나 아인슈타인쯤 된다고 보면 거의 맞다. 그가 태어난 사르디니아 섬은 이탈리아어를 제대로 아는 사람이 없는 완전 깡촌이었다(나폴레옹이 태어난 코르시카보다 육지에서 더 멀리 떨어져 있다). 어린 시절 그는 84조로 된 이탈리아 왕국 헌법 전부를 외워 사람들을 놀라게 했다. 무솔리니가 정권을 잡자 반파시스트 운동을 벌이다 검거되었는데 징역을 20년 4개월 5일 때려 맞았다. 검사의 논고는 지엄했다. "우리는 이 자의 두뇌가 작동하는 것을 20년 동안 중지시켜 놓아야 한다. 이런 사악한 두뇌를 평생 감옥에 처박아 두지 못하는 것이 안타까울 따름이다." 35세의 남자에게 살아온 인생의 반이 넘는 20년을 선고하고도 아쉬움을 표했으니 그에 대한 파시스트들의 증오가 얼마나 격렬했는지 짐작이 간다.

그러나 그를 고립시켜 활동을 제약한 것은 그다지 현명한 선택이 아니었다. 그는 행동가이기 이전에 탁월한 촉수를 가진 이론가였으니까. 감옥에 들어가 있는 동안 그는 마르크시즘을 독창적으로 발전시켜 간다. 흔히 '옥중수고'로 알려진 대학 노트 32권, 2,848쪽에 달하는 저작은 오늘 날 사회주의 운동가라면 반드시 머릿속에 소지해야 하는 '잇 아이템'이 되었다. 쉽게 말해 '선진 자본주의 사회'라는 조건에 적용 가능한 마르크스주의이다. 미국의 마르크시스트 폴 피콘은 만일 서양에서 마르크시즘이 의미 있는 정치 세력이 되고자 한다면 그람시의 방식을 따라야 할 것이라고 예언한 바 있는데 그것은 현실이 되었다. 현재 전 세계에서 벌어지는 모든 혁명 운동의 기본틀은 알게 모르게 그람시를 참고하고 있다.

전교조 얘기하다가 웬 서양 공산당 이야기? 아니다. 무지하게 밀접한 관련이 있다. 전교조가 참교육을 빙자해 펼치는 모든 학습 운동의 방향은 철저하게 그람시의 이론에 기반하고 있는 것으로 보인다. 종북과 친북은 일종의 토핑이다. 몸통은 그람시 주의라는 얘기다. 무슨 소리야. 그런 사람 처음 들어봐, 전교조 분들 뜨악한 표정을 지으실지 모르겠다. 당황해 하실 필요 없다. 조직의 윗분들은 다 알 것이다. 아주 잘 알 것이다.

그람시를 좀 더 살펴보자. 일단 그람시는 국가의 개념을 둘로 나눴다. 협의의 국가와 광의의 국가다. 그는 형용사로 이를 구분했는데 우리가 일상적으로 말하는 정부 또는 강제력을 가진 국가를 의미할 때는 '보통의 common'이나 '제한적인 restricted' 등의 형용사를 사용했다. 광의의 국가를 말할 때는 '확대된 extended'를 사용한다. 정리하자면 그람시가 말한 '확대된 국가(extended state)'는 지배 계급을 위한 물리적이고 강제력인 도구(마르크스-레닌의 고전적인 정의)가 아니라 자본주의가 계속 유지될 수 있도록 사회의 전반적인 영역에서 이루어지는 모든 다양한 활동과 관계를 총망라하고 있다.

좀 어려운가. 어려운 건 다 끝났다. 이제 알맹이만 건져내면 된다. 쉽게 말해 과거의 국가는 오로지 물리적인 힘으로만 민중들을 지배했다. 현재의 국가는 그런 무식한 방법으로 계급 지배를 실현하지 않는다. 훨씬 교묘해졌다는 말씀이다. 그는 '이데올로기적 헤게모니'라는 개념을 발굴했다. 여기서 발굴했다는 표현을 쓴 것은 헤게모니라는 말이 러시아 사회민주주의의 아버지인 플레하노

프의 저작에서 처음 나타났고 레닌의 '무엇을 할 것인가'에서 노동계급의 실질적인 헤게모니를 준비하는 효과적인 수단으로 '정치 신문'을 주장하는 배경으로 활용되었다가 10월 혁명 이후 차츰 소멸된 사어(死語)이기 때문이다. 무덤에서 부활한 헤게모니는 이후 현대 정치학에서 가장 중요한 개념 중의 하나가 된다.

"그대 혁명을 꿈꾸는가, 그렇다면 상부구조를 천천히 그러나 집요하게 공략하라." 이것이 그람시의 이데올로기적 헤게모니의 핵심이다. 전통적인 마르크시스트들은 혁명의 가능성으로 자본주의 사회의 하부 구조인 경제(좀 유식한 말로 생산 관계)를 주목했다. 자본주의가  공황을 반복하다가 결국 파국을 맞는다는 예측이다. 그람시는 눈을 들어 상부구조를 보라며 업그레이드 버전을 제시했다. 그람시의 논리에 따르면 '확대된 국가', 즉 선진 자본주의 사회의 지배 계급은 물리적으로 인민을 지배하지 않는다. 이데올로기로 물리적인 힘을 대신한다. 의식, 관습, 가치관 같은 것들을 통해 지배 이데올로기를 현실화 시킨다는 것이다. 중요한 것! 이때의 의식, 관습, 가치관은 절대 지배계급이 강압적으로 하달하는 방식이 아니라 철저히 '대중의 동의'라는 형식으로 이루어진다.

서구 정치사상에서 동의는 두 가지 방식으로 설명된다. 하나는 동의가 강제성을 띠고 고립된 개인들의 동의를 얻는 방식이다. 둘째는 이 강제력이 물리적인 폭력이 아니라 법, 규범, 이념적 가치

체계와 권력 정당화의 형태를 통해서 동의를 창출하는 것이다. 이를테면 “그래도 법이니까 지켜야 해” “세상이 다 그렇지 뭐. 그러니까 억울하면 출세하라는 거 아니야.” 같은 심정적 시스템 동의 발언, “그래도 결론은 자본주의 아니겠어? 어쨌거나 사회주의 경제 시스템보다는 낫잖아.” 같은 체제 옹호적 발언 등을 끌어내서 혁명의지를 무력화 시킨다고 본 것이다. 그래서 그람시에게 혁명은 화끈한 사건이 아닌 사회 전체가 조금씩 변해가는 유기적인 변화의 과정이었던 것이다. 당연히 이 이론의 철학적 기반은 마르크스의 양, 질 변화의 논리에 기초한다. 그래서 등장한 것이 바로 ‘진지전(陣地戰)’이론이다.

꾿빠이, 전교조

# 진지전(陣地戰)을 보면 전교조가 보인다

전쟁에는 열전(熱戰)과 함께 사상전(思想戰), 문화전쟁이 따른다. 열전이 땅과 사람의 몸뚱이를 점령하는 것이라면, 사상전, 문화 전쟁은 사람의 머리속을 점령하는 거다. 무식하게 말하자면 바로 이 사상전, 문화 전쟁이 바로 진지전(陣地戰)'이다. 그람시는 무장한 양대 세력, 지배계급과 피지배계급이 몽둥이와 총을 들고 격돌하는 혁명을 구닥다리로 보았다. 아침에 봉기를 선동해서 점심 쯤 격돌이 벌어지고 저녁에 승부가 갈리는 물리적인 충돌을 바람직하지도 않고 실현가능한 것으로 여기지 않았던 것이다.

그람시는 그것을 경험으로 터득했다. 1919년~1920년 사이에 있었던 이탈리아 튜린시(市) 노동자 봉기를 지도하면서 그는 오합지졸이 된 국수주의자와 군국주의자들을 몰아낸 성과를 자랑스럽게 제3인터내셔널에 보고했다. 그러나 바로 2년 뒤 이들은 돌아왔으며 피의 보복을 가했다. 튜린은 처절한 교훈을 남겼고 그람시는 새로운 방향으로 혁명을 이해하기 시작한 것이다. 밀어내거나 타도하는 게 중요한 게 아니었다. 개개인들의 머릿속에 고착된 생각을 바꾸지 못하는 한 일시적인 점령은 더 강력한  물리적인 힘에게 자리를 내줄 수밖에 없는 것이다.

그람시는 정치적 지배를 둘로 구분했다(참 구분하기 좋아하는 사람이다). 하나는 '지배'이고 하나는 '헤게모니'다. 그람시는 아무리 무자비하고 권위주의적인 체제라 할지라도 물리적인 힘(지배)만으로 그 질서를 유지하는 데에는 한계가 있다고 보았다. 즉, 지배는 일시적이다. 때리면 맞지만 엎어져서 복수할 기회를 노리는 게 사람이다. 진지전은 광범위한 전선에 걸쳐 전개되는 싸움이다. 한 곳에 모인 물리력 vs 물리력의 충돌이 아니라 우리 삶 전체에 걸쳐 전방위로 펼쳐진 가상의 전선이다. 붉은 전사(戰士)들은 정치, 사회, 문화, 예술, 언론, 교육 등 사회 전부문에 골고루 파견되어 진지를 구축한다. 그리고 그 진지를 조금씩 전진시키거나 또 다른 진지를 만들며(지배 계급 입장에서는 고지가 하나씩 떨어지는 셈이다) 약진을 반복한다. 야금야금. 짭짭짭. 지배 계급의 이데올로기는 조금씩 허물어진다. 별거 아닌 거 같지만 원래 가랑비에 옷 젖고 잔매에 골병드는 법이다.

개인적으로 '금지어 사전'이라고 부르는 것이 있다. 어떤 사회가 금지하거나 타부시 하는 것들을 모아놓은 사전이다. 진지전은 그걸 깨는 거다. 대중들의 머릿속에 있는 고정 관념이 깨지는 순간 그 진지전은 성공이다. 80년대 중반 시국 사범으로 구속된 한 운동가가 법정에서 자신이 사회주의자라고 밝혔다. 사회적으로 엄청난 파장을 일으켰지만 두 번째로 또 누군가가 자신의 신념이 사회주의라고 밝히면 그때는 충격이 덜하다. 이런 식으로 반복되면서 대중들은 차츰 둔감해진다. 한국 사회에서 사회주의자가 있을 수 있다는 관념이 슬슬 박히면서 사회주의면 좀 어때, 당장 무슨 피해라도 주는 건 아니잖아 용인하게 된다. 한국사회는 자연스럽게 사회주의를 포용하게 된다. 물론 사상의 자유, 표현의 자유를 부정하는 건 아니다. 예를 들어 그렇다는 말씀이다.

진지전은 연동(聯動)된다. 각 부문의 전사들이 연합전선을 구축하여 일시에 밀어붙이기도 한다. 작가 하나가 북한도 꽤 살만한 나라라는 식의 소설을 썼다고 가정해보자. 언론 쪽의 진지에서 받아 띄우면서 국민들의 호기심을 모은다. 검찰은 기소하고 법원에서는 진지전에 나선 전사(?)가 기각한다. 북한도 나름 장점이 있는 나라라는 생각이 균열된 의식 사이로 스며들어 아물고 나면 '찬양, 고무'라는 단어는 사라진다. 금지어 사전이 차츰 홀쭉해지도록 하는 것, 그것이 진지전의 역할이다.

이렇듯 행정부, 입법부에 침투해 진지를 구축하고 군부대에 들어가 안보 의식을 까내고 언론에서는 반정부 기사를 쏟아내고 학계에서는 기존의 역사 이해를 완전히 뒤집는 연구를 발표한다. 이 진지전 중 전위에 서는 것이 문화, 예술이다. 문화, 예술은 흔히 저강도(低强度) 전쟁이라 불린다. 날 것으로 접하면 불편한 것에 당의정을 입혀 저항감을 분쇄한다. 대중문화가 국보법을 희화하고 역사를 부정하고 진실을 흐릴 때 분별력이 덜 성숙한 청소년은 그대로 말려들어갈 수밖에 없다. 그들에게는 정치인이 아니라 연예인 오빠들의 이야기가 훨씬 비중 있고 중요하기 때문이다.

영화 '부러진 화살'은 그 내용의 진위 여부를 떠나 최근 좌파에서 날아온 가장 강력한 포탄이다. 사법부의 권위는 존중하지 않을 '수' 있는 것으로 바뀌었다. 실제로 개봉 후 법정 소란이 늘었다. 판사를 개라고 불렀다. 하긴 대통령을 쥐라고 부르니 그 정도면 잘 쳐준(!) 셈이다. 사법부 역시 공정한 중립의 기구가 아니라 지배 세력의 일부라는, 그래서 그 시스템은 결국 체제 유지를 위해 기능하다는 인식을 국민들에게 심어주기 충분했다. 진지전의 파괴력은 이만큼 강하다. 굳이 북쪽에서 탱크가 밀고 내려올 필요가 없다. 5천만의 생각이 왼쪽으로 기울면 그것으로 혁명 끝! 이다.

대중들의 경험, 신념, 가치관 같은 것들이 예전 질서를 따르고 있다면 혁명은 불가능하다. 머릿속의 가치 체계가 전복되어야 비로소 제대로 된, 그리고 영구적인 혁명을 노릴 수 있는 것이다. 파업을 하고 노동자들이 공장을 점거하는 것으로 자본주의가 끝날까. 약간의 어려움이나 불만만 생겨도 "그래도 예전이 좋았어" 하며 조직원은 이탈하고 혁명은 바스러진다.

즉 계급투쟁을 제대로 하기 위해서는 기존 가치관에 죽어라 저항하면서 동시에 새로운 가치관을 입력해야 하는 것이다. 그러나 그것은 말처럼 쉽지 않다. 지배계급의 이데올로기는 시간이 흐르면서 '상식'으로 진화해간다. 이 상식을 깨면 몰상식한 사람이 된다. 발끝에서 해골 속까지 완전히 바뀌어야, 특히 머리속은 '포맷' 하고 새로 깔아야 프로그램이 정상적으로 작동된다.

그람시의 이론을 빌어 설명하자면 혁명이 진정으로 대중적인 현상이 되기 위해서는 반드시 민족적인 성격을 띠어야만 한다. '우리 민족끼리' 같은 슬로건이 전면에 나서는 이유다. 민족을 앞세워 안보를 흔든다. 북에서 핵을 개발하면 어차피 통일되면 우리 건데 하면서 허용한다. 민족이 안보를 잡는다. 민족은 반미를 당연하게 추동한다. 기준이 민족이 되면 여타의 것들을 그 제어력을 상실하기 십상이다. 전교조는 이점을 정확히 알고 있으며 제대로 활용하고 있다.

마지막으로 그람시는 소아병적인 좌익 교조주의의 한 형태로서

‘비참여 기권주의(abstentionism, 부르주아 기구 및 제도에 참여하지 않는 주의)’를 반대했다. 그것은 지배를 공고화 할 뿐이다. 떠오르는 그림이 없는가. 선거 합시다, 투표 참여 독려다. 오해가 있을까 봐 또 밝힌다. 투표 하지 말라는 것이 아니라 당신이 나서야 세상이 바뀐다는 설득 속에는 그런 의미도 담겨있다는 말이다.

그람시는 이제 지배계급이나 저항 세력이나 누구든 당연히 참고하는 중요한 현대 정치의 개념이 되었다. 전교조의 모든 주장과 행동을 이 논리에 대입해보면 참 잘 맞아 떨어진다.  학교에 구축한 진지, 이것이 전교조의 진짜 속내는 아닌지. 레닌의 처였던 크루프스카야는 이렇게 말했다. “(자라나는) 한 세대만 우리에게 맡겨 달라, 혁명을 성사시키겠다.” 아, 그러고 보니 크루프스카야가 주장했던 혁명 교육 이론의 명칭도 참교육이었다.
True Education.

# 5부
# 대체 참교육이란 무엇일까

# 참교육의 하위 메뉴,
# 민족, 민주, 인간화교육의 실체

참교육이 진짜 '참'교육이 아니라는 사실은 앞에서 지겹게 말했다. 당연히 전교조가 내세우는 참교육의 하위 메뉴인 '민족', '민주', '인간화교육'도 우리가 짐작하는 것과 아주 멀리 떨어져있다. 2002년 전교조 인천지부 '실천하는 조합원을 위한 교양자료집'을 보자.

> "민족, 민주, 인간화 교육은 전체적인 우리 운동의 방향인 자주, 민주, 통일이라는 변혁적 이념에 맞닿아 있는 슬로건이다"

민족, 민주, 인간화교육=자주, 민주, 통일이다. 자주, 민주, 통일을 하나의 말로 엮으면 민족해방 민중민주주의혁명이 된다. 흔히 주사파로 대표되는 NLPDR의 핵심 모토다. '자주'는 반미 자주화

즉, 미제국주의 축출이다. '민주'는 남한 사회가 민중을 억압하고 착취하는 독재 체제이므로 국보법 철폐, 국정원 등 대공기관 해체, 토지와 기업의 국유화, 사유재산 몰수 등 사회주의적 과제를 실현한다는 의미의 '반파쇼 민주화투쟁'의 의미다. '통일'은 민족 내부에 침투한 이질적인 존재 제거(미제국주의와 그 앞잡이들)와 민족적 자주권 확립, 남북단합에 기초한 민족재결합(연방제 통일)의 의미다. 전교조의 말을 직접 들어보자.

> 민족의 자주성이 확보되어야 개인의 자주성도 확보될 수 있다.
>
> –참교육연구보고 제2권 1호

> 민족자주의식이 없으면 사대주의에 빠져서 민족허무주의의 늪에서 벗어날 수 없을 것이다.
>
> –제4회 참교육실천대회연구보고서 통일교육분과

통합해서 정리하면 '나라와 민족의 자주성은 민중의 자주성을 실현하기 위한 선결 조건'이라는 얘기다. 이거 소생이 정리한 말 아니다. '주체의 한국사회변혁운동론'이라는 북한 자료를 그대로 인용한 것이다. 편하긴 하다. 결국 전교조가 하고 싶은 말은 자주의식의 걸림돌이자 장애물은 미제국주의다, 라는 결론이다. 몇 개만 더 옮겨보자.

미국이 내세운 반공의 깃발 아래 살아남은 군국주의자들과 친일파들의 잔치판이 되고 말았다. 이것이 우리 사회가 안고 있는 문제점이다.

–통일을 꿈꾸며 – 교사 소모임 운영사례, 전교조 제3회 참교육실천대회 통일교육분과 자료집, 2004. 1.

우리의 여자들은 그들의(미국의) 성노리개이고 정부가 미 정부의 꼭두각시다.

–'미군 여중생 살인사건에 대한 공동수업지도안' 2002년 전교조 전남지부, 전교조 홈페이지 자료실 내 참실교과 사이트

대체 이 분은 어느 나라 역사책을 보신 걸까. 우리의 여자들이 미국의 성노리개라는 발언이 참명제라면 소생부터 반미 항쟁의 선봉에 서겠다. 자기 누이가, 자기 딸이 점령군의 노리개인 나라에서 너무나 당연한 일 아닌가. 사실이 아니어서 참으로 다행이다.

미국은 분단의 원인 제공자이며 한국 전쟁의 당사자이며 한국의 전시 작전권을 갖고 있고 한미상호방위조약에 의해 한반도 군사대결 체제의 주요 구성 부분이다.

–이 겨레 살리는 통일, 전교조 출판국, 전교조 통일위, 2001. 6.

우리 민족의 평화와 동북아 나아가 세계 평화를 위협하는 세력은 누구인

가? 미국이다.

-근대화 과정에서의 외세와 우리 민족의 대응, 전교조 홈페이지 참교육 연구소 사이트 내 2005. 6. 14

통일 운동의 최고 경지는 반미 운동이고 현 통일 운동의 걸림돌은 미국과 수구 냉전 세력이다.

-전교조 서울초등여름 참실연수 자료집, 통일위 최모 교사, 초등학교 선생님들과 함께하는 통일, 2001. 8. 16

통일 운동의 최고 경지는 반미 운동이란다. 단순해서 좋다. 단합대회하면 건배사로 이렇게 외칠 것 같다. "자, 주창자가 통일! 하면 모두 반미!"

이상, 대한민국 만세.

# 전교조의 참교육 vs 북한의 사회주의 교육에 관한 테제

모쪼록 둘이 우연히 맞아 떨어진 것이기를 빈다. 그래도 명색이 지능의 측면에서는 대한민국 최고의 노조인데 이런 거 베끼면 곤란하잖아. 그런데 아무리 애정을 가지고 살펴도 참 많이 의심이 간다. 전교조가 내세우는 참교육과 북쪽에서 정해놓은 '사회주의 교육에 관한 테제'의 비교다. 먼저 집단 학습 원리.

> 가장 원천적인 집단 학습을 통해서만 이 실천의 힘을 끌어낼 수 있다. 조합원들의 질 높은 단결은 집단적인 학습과 교선(교육선전)활동을 통해서 형성될 수 있다.
>
> -'2002년 실천하는 조합원을 위한 교육자료집', 전교조 인천지부 중등서지회, 2002

어린이들을 집단적으로, 사회적으로 키우는 것은 중요한 공산주의 시책이다. 사회주의, 공산주의 사회는 집단주의에 기초한 사회인 까닭이다.

-북한, 사회주의 교육에 관한 테제

전교조는 집단학습을 통해서'만'이라고 했고 북한은 집단주의가 그 시스템의 핵심이라고 했다. 싱크율 50%. 이번에는 정치, 사상 교육의 강조를 보자.

교육 내용은 반드시 계급성을 띄며 그 사상성이 주된 것이라는 것은 야학이 정치, 사상교육의 장이 될 수 있다는 내부적 조건이 된다.

-야학비판, 이장원 著

계급사회에서의 교육은 언제나 계급적 성격을 띤다. 사회주의 교육은 그 계급적 본질에 있어서 당(黨)적이며 로동계급적인 교육이다.

-북한, 사회주의 교육에 관한 테제

교육의 중립성을 완벽하게 외면하고 있다는 점에서 둘의 싱크율은 70%로 높아진다. 그럼 한국사회에서 부르조아의 자식들은 대체 어디서 교육을 받으란 말인가. 그래도 한국은 아직까지는 같은 교실에서 부자의 자식과 빈자의 자식이 함께 공부한다. 경제적 부와 계급이 고착된 서구에서는 사립과 공립이 확연하게 차이난다. 특히 귀족이라는 계급이 있던 나라들은. 형식상 유럽의 귀족학교는 누구에게나 문이 열려있다. 그러나 사은회를 하던 입학식을 하던 저소득 계층은 그 행사를 따라갈 수가 없다. 개인 요트가 필요한 친목회, 폴로 경기를 중심으로 하는 운동회 등 말만 열려 있단 뿐이지 실은 완전하게 닫힌 사회다. 사다리는 당연히 없다.

갑자기 야학비판이란 책이 전교조의 출처를 대신해서 이건 또 뭔가 하실 분 계실 거다. '야학비판'은 80년대 운동권의 노선갈등을 촉발시킨 책으로 전교조 전 통일위원장인 이장원이 2009년 재발간했다. 계승, 발전시킬 필요가 있다는 의미다. 야학비판의 내용 중 두 개만 끄집어내보겠다.

> (정치사상 교육은) 계급의식의 핵이 되며 혁명적이다. 혁명성은 투쟁속에서 발전하며 완결된다. 이의 근본은 주체의식이다. 사회변혁의 주인은 자신이다.

> (민중에 대한 정치사상교육은) 선동적 형식을 기본으로 한다. 고등학생을 운동권으로 확보하는 것은 매우 긴요하다.

첫 문장은 마치 주체사상의 해제처럼 보인다. 둘째 문장, 뭐 더 덧붙일 말이 없다. 시계가 80년대에서 멈췄다. 그 시계에 21세기 학생들을 꿰어 맞추려고 한다. 교육에서 주체를 강조하는 것은 더욱 강조된다.

참교육은 교육운동의 주체로 세우는 힘을 가지고 있다.

–2000. 10. 4 전교조 홈페이지 자주 찾는 자료실, '참교육관을 바로 세우자'

사회주의 교육사업을 원만히 진행하기 위한 원칙은 교육에서 주체를 세우는 일이다

–북한, 사회주의 교육에 관한 테제

또 주체 타령이다. 세상에 주체적이지 않은 인간이 어디 있는가. 주체, 주체, 주체, 당췌 모르겠다. 싱크율 80%.

(인간화 교육은)학생들의 자주성과 창조성을 높이는 교육방법이다. 학생들이 자주적으로 인생을 개척하도록 하는 교육이다.

–'민족, 민주, 인간화 교육' 2000. 10. 4 전교조 홈페이지 참교육 연구소 사이트.

사회주의 교육은 인민들을 자주적이고 창조적인 사회적 존재로 키우는 사업이다.

–북한, 사회주의 교육에 관한 테제

각자 '인간화 교육'과 '사회주의 교육'이라고 전제를 달았을 뿐 자주적이고 창조성을 높이고 어쩌구 하는 부분에서 싱크율 드디어 90%다. 갑자기 인간화 교육이란 게 나왔다. 대체 너 뭐냐, 인간화 교육.

교육을 인간개조라 할 때 올바른 교육을 하기 위해서는 인간이 무엇인지 알아야 한다. 그래야 인간본성에 맞는 방법으로 개조할 수 있으며 인간 개조의 방향이나 이상적인 인간상을 제시함으로써 교육의 궁극적인 목표를 분명히 할 수 있다.

– 참교육을 바로 세우자. 전교조 홈페이지 자주 찾는 자료실 사이트 2000. 10. 4

그러니까 대체 인간이 뭐냐고!!! 전교조 답은 이렇다.

인간은 자주적인 존재이며 인간은 본질적으로 억압이나 예속에 저항하여 자주적인 삶을 살기를 원한다. 인간은 사회적인 존재이며 인간은 사회 속에서 살아가는 존재이다.

–전교조 대전지부 조합원 학교 자료집 2002. 5.

아하~ 그러니까 이거 말하는 거네.

사람은 자주성과 창조성, 의식성을 가짐으로서 모든 것의 주인으로 모든 것을 결정한다.

–주체사상의 철학적 원리. 주체사상 총서 1권. 1985년 4.

사람의 요구 자체가 자주적이다. 사회적인 존재인 사람은 사회적 예속에서 벗어나 자유롭게 살려는 요구, 자주적인 요구를 가지게 된다.

–주체사상 총서 1권

짝짝짝, 드디어 싱크율 100% 도달에 성공!!! 차이는 전교조의 '인간'과 주체사상의 '사람'이라는 주체에 대한 단어 차이 뿐이지만 이게 같은 말이라는 건 바보가 아닌 다음에야 다 알 것이다. 그러니까 주체사상에 등장하는 그런 인간을 만드는 게 인간화 교육인 것이다. 북에서 그토록 원하는. 인용 하나만 더 하고 끝내자. 역시 싱크율 100% .

> 교육은 바로 사람들을 힘 있는 존재로 키우는 인간 개조사업이다.
>
> -주체사상 총서 2권

이상, 대한민국 만세.

# 민중교육지 사건 1
## -전교조, 세상에 나갈 채비를 마치다

1985년 민중교육지 사건이 터졌다. 당시 문교부는 무크지(magazine+book) '민중교육'이 급진 좌파들의 투쟁 이념인 민중교육론을 대변하고 있다고 판단, 관련 교사들을 처벌했다. 1985년에 창간호가, 1988년에 두 번째 책이 나왔는데 이 두 권의 책만으로도 전교조의  초반 설계자들이 어떤 프레임을 가지고 어떤 형태의 운동을 꿈꿨는지 충분히 엿볼 수 있다. 이때만 해도 운동가들은 순진한 구석이 있어 속내를 잘 털어놨다. 무크지 제목만 해도 그렇다. '민중교육'이라니. 조금만 더 간악한 발상을 했다면 절대 그렇게 안 지었을 것이다. 가령 '푸른 교실'이라든지 '낙오자 없는 학교를 꿈꾸며' 같이 학부모들이나 아이들을 확 잡아당기는 제목을 달았을 것이라는 말씀이다. 어차피 안을 들춰보면 무크지의 '쌩얼'이 다 드러나긴 하지만 말이다. 실천문학사에서 나온 1권의 목차를 살펴보자. '분단 상황과 교육의 비인간화'라는 좌담에 이어 해방 후 지배교육 집단의 성격과 학교 교육, 교육현장, 그 민주적 행방, 한국 교육 운동의 실천적 고찰, 야학 운동의 반성과 전망, 대학의 자율화라는 특집으로 이어진다. 보시다시피 학생들은 빠져 있다. 그렇다. 아이들이 완벽하게 실종된 운동임을 스스로 증명하고 있는 거다. 누가 봐도 활동가를 위한 전문 운동 가이드 잡지고 한 판 뜨자는 선전포고다. 이러고도 문제가 아니 되기를 바랐다면 그 발상이 더 신기하다.

좌담은 김성재 한신대 교수, 유상덕 성동고 교사 등 7명이 참여했다. 좌담의 화두는 '분단 상황과 교육의 비인간화'이다. 일단 좌담 제목 자체가 이상하다. 잘 안 붙는다. 정상적인 제목이라면 '분단 상황과 통일 교육의 필요성'이라든지 아니면 '산업사회와 교육의 비인간화' 가 맞다. 그런데 이들은 교육의 비인간화 이유를 분단에서 찾고 있다. 많이 듣던 얘기 아닌가. 이들에게는 기본적으로 모든 문제의 출발은 '분단'이다. 분단 때문에 정권은 앞잡이 괴뢰로 둔갑하고 사회경제는 모조리 예속이다. 좌담으로 들어가 보자.

김성재 교수는 "학교라는 것은 일종의 인간 생산 체제이고 개인이 학교 교육을 받는 것은 자기를 상품화하는 과정"이라는 전제에서 출발한다. 이어 그는 "학교 제도는 의례 상급학교 못 들어가는 아이들을 구분해서 노동 시장으로 내보내는 역할을 하는데 이것은 선천적인 노예를 만들어서 사회에 배출하는 것과 같다"고 단정 짓는다. 그들이 학교를, 교육을, 이 나라를 어떻게 바라보고 있으며 향후 어떤 방식으로 아이들을 끌고 가겠다는 것이 훤히 보인다. 사회를 맡은 김진경은 이렇게 화답한다. "제도 교육이 중산층, 상류층의 학생들에게 유리하게 되어 있어 사실상 교육의 기회균등이 이루어지지 않고 있다는 말씀인데 특정한 계층의 학생들에게 유리하게 작용하는 학교교육은 결국 특정한 소수 집단에 의해 학교교육이 독점되었다는 것을 의미하지 않을까요?" 슬슬 아군과 적군을 나누고 있다.

결론은 논산 쎈뽈여고 유도혁의 몫이다. "노력만 하면 살기 좋은 나라라는 식으로 현실 모순을 은폐하고 미화하는 내용으로 교과서를 꾸미고", "그러다보니 당연히 학생에게 자기가 서 있는 곳을 사고의 중심으로 놓는 주체적 자각을 심어 줄 리 없으며", "학생을 민주시민으로 자라게 하고 부조리가 있으면 저항하는 인간상을 길러야 하는데 그런 교과서가 요구하는 사항은 부조리에 대해 순응하는 자세이고". 이쯤이면 다 나온 거다. 아, 하나 더 있다. 점입가경 좌담 끝에 김진경은 화룡점정의 멘트를 날린다. "학급에서 토론을 시켜보면 우등생들은 판에 박힌 생각에 멈추는데 열등생이나 문제아라고 분류되는 아이들 중에서는 자기들이 부딪치는 문제를 해결하는 능력이 훨씬 뛰어난 것을 볼 수 있었습니다." 이런 걸 프로크루테스의 침대라고 한다. 자신의 입맛에 맞게 현실을 재단하는. 침대는 과학이 아니라 이데올로기다?

털면 나올 것이 줄줄이 사탕이지만 지면 관계상 160쪽에 실려 있는 고규태의 시, '잘 가라'로 1권의 정리를 마무리한다.

**잘 가라**

잘 가라.
먹고 살기 위해서는
어떤 직업이든 신성하다는 논리로
모 기관 공채 시험에 원서를 던지고
한일관계의 미래를 묻는 논술 문제에
밝고 희망차다는 정답을 적어넣었노라
아무렇지 않게 말하던 너
잘 가라.
2학년 겨울 용봉동 네 자취방에 모여
후진국 경제론을 공부하던 엊그제
시대의 막막한 어둠을 성토하다
쇠뭉치 같은 어둠이 깔린 지하실로 끌려가
짐승울음으로 타락한 세계가 이웃에 있음도
우리가 정말 싸워야 할 상대가 누구인가도 알고
헐벗은 가슴을 서로 껴안아주었던
어리고 조금은 깨끗한 시절이 좋았다.
잘 가라.

후배의 자취방을 옛날의 그들처럼
이른 새벽에 재빨리 수습하는 일을 위해
기관요원 연수교육을 떠나는 너
용서할 수 없는 마음으로 너를 보낸다
너와의 마지막 이 아침……
너는 타락한 세계의 복판으로 이미 떠났지만
그러나 이 도시에 내리는 햇살이
어느 때보다 쟁쟁하다.
잘 가라.

'학생을 민주시민으로 자라게 하고 부조리가 있으면 저항하는 인간상을 길러야 하는데 그런 교과서가 요구하는 사항은 부조리에 대해 순응하는 자세이고' 그러다보니 이런 '변절자'가 나온다는 얘기 같다. 나도 한 줄 보탠다. 잘 알았다. 알았으니 이제, 잘 가라.

# 민중교육지 사건 2

## -고교학생운동 시론을 중심으로

3년 간격을 두고 '민중교육지' 2권이 나왔다. 전편에 비해 다듬어지고 논리는 정교해졌으며 적개심은 몇 배로 치솟고 이제는 떨쳐 일어날 때라는 듯 독려의 어투다. 살펴보자. 특집은 '전환기의 교육운동'이다. 그 아래 '현행 교육법의 문제점과 교육 지자체 비판', '전환기 한국민중교육의 전망' 등 작은 제목이 보인다. 눈에 띄는 것이 하나 있다. 바로 '고교생학생운동 시론'이다. 드디어 고등학생 등장.

> 교육 주체로 일컬어지고 있는 고교생과 학부모 집단에 대한 연구는 거의 전무한 실정이다. 특히 고교생의 경우 교사들 못지않게 자발적인 투쟁을 분출하고 있음에도 불구하고…(하략)

향후 펼쳐질 교육 운동의 방향에 대해 슬슬 털어놓고 있다. 다음 문장이다.

> 고교생과 교사는 교육민주화투쟁의 두 핵심 세력이며 나아가 고교생은 전체 변혁운동의 대열에 앞장설 수 있는 존재이다.

제자가 아니다. 두 핵심 세력이라고 하니 나중에 전교조가 학생들을 동지라고 부른 것이 충분히 이해되고도 남는다. 그들에게 학생은 없다. 가르쳐야 하는 학생은 없고 자신들과 스크럼을 같이 짤 동반자만 보인다.

> 이 글은 먼저 고교생을 사춘기적, 심리적 이유계층이니, 불안계층이니, 과도기적 존재니 하는 것을 배격하는데서 출발한다. 경제력=인력이라는 서구 자본주의사회의 등식 속에서 고교생 집단의 연령별 특성을 과장하고 대기층으로 남겨놓으려는 시도와 우리의 현실과는 결코 일치할 수 없기 때문이다.

그렇다. 동지를 삼으려면 하자가 없어야 한다. 그 약점을 극복하고 태연하게 손을 내밀기 위해 이들은 고교생의 특질을 깡그리 지우고 있다. 불안계층이나 과도기적 존재가 아니면 대체 고등학생의 특징은 뭐란 말인가. 불안한 그 시기를 아슬아슬하게 통과한 기억을 벌써 망각? 아니다. 다 기억하고 있을 것이다. 그런데 중요한 건 그게 아니다. 목적이 있으니 그 목적에 맞게 고교생을 새로 포장해야 하는 것이다. 그래서 이렇게 설명한다.

> 고교생이 점한 연령대인 16세에서 19세 정도에는 충분한 자각 능력과 가치판단의 능력을 보유하는 등 사고의 조직화가 대강 완성된다.

새로운, 신개념의 고등학생 탄생이다. 청소년은 왜 보호받아야 하는지 전혀 관심이 없다. 왜 사회가 미성년자를 배려하는지에 대한 고민, 털끝만큼도 없다. 그래도 양심은 있었던지 가치판단이 되는 완전한 성인이다, 라는 표현 대신에 '대강 완성된다'고 '대강' 넘어가고 있다. 하긴 좀 심했다. 그래서 어떻게 대해주자는 얘기일까.

> 이상과 현실의 괴리 속에서 일정한 가치혼란 현상을 보이기도 한다. 그러나 이러한 가치혼란의 현상에 집착하여 고교생을 유아로 취급하려는 것은 권위주의에 다름 아니다. 오히려 그들의 가치 형성의 기회를 촉진시키고 자주성을 표출하도록 도우며 이들이 본래 지니고 있는 민족적 열정과 진리에의 강한 의지를 묶어세우는 일이 보다 앞서야 할 것이다.

드디어 나왔다, 자주성. 주체에서 받들어 모시는 그 놈의 자주성. 그리고 고등학생이 본래 지니고 있는 민족적 열정이라니. 그냥 편하게 말해라. 열 받으면 앞뒤 안 가리는데 특히 민족 문제는 아이들의 피를 급속하게 달구는데 매우 유효하니 꼭 참고하라고 솔직히 말해라. 이제 본격적으로 한국사회에서의 고등학생에 대해 분석에 들어간다. 20년 세월은 넘어 요즘 하는 주장과 하나도 다르지 않다. 아니지. 초심을 지금도 잃지 않은 것이겠지.

우리 사회의 제도교육은 분단국가라는 특수성 속에서 신식민지적 현실을 온존시키기 위한 외세의 논리와 거기에 빌붙어 자신의 이익과 지배를 정당화 시키려는 지배정권의 논리가 철저히 집약된 장이고 그와 맞물려 계층상승의 신호를 교육을 통해 주입시키는 장이다. 그러므로 우리 교육의 성격은 한마디로 미국에 대한 사대의식과 자본주의의 우월성의 강조를 통해 민족의 주체성을 뿌리째 뽑아놓고 있고 극단적인 반공 교육을 통해서 철저히 민족분열의식을 조장할 뿐 아니라 국민 모두를 정치적 불감증 환자로 만들고 있다.

전교조의 한국 사회 인식의 예전 버전이다. 아니 정확히는 NLPDR이라는 운동 논리다. 분단국가, 식민지, 외세 그리고 지배계급. 그 정신, 그 이론 그대로 20년을 달려왔네. 장하다, 전교조. 그래서 이런 걸 심히 우려한다.

이러한 교육의 과정을 통해 고교생들의 의식은 친미적 사대주의 문화의 숭배, 북한에 대한 맹목적 감정적 반발, 입시 경쟁에 의한 배타적 경쟁의식에 젖어가고 있다.

보면 우선 순위가 그대로 반영되어 있다. 반미를 해서 미제 축출

운동을 벌여야 하는데 친미 사대주의문화에 빠져있고 북한에 대해 반발심을 가지고 있으니 이 어찌 통탄하지 않을 일인가. 그래서 이토록 최선을 다하고들 계신가. 드디어 글은 고교생운동에서의 교사의 역할을 슬슬 드러내기 시작한다.

> 고교생이 의식화되는 가장 보편적이고 일반적인 계기는 교사나 선배에 의해 지도되는 민주교육의 내용이다. 근래에 더욱 활발해지는 이러한 의식 있는 교사나 선배와의 만남을 통한 계기는 각 단위학교나 지역 속에 소모임의 형태로 자기 외화를 시켜나가고 있다. 따라서 교육 현장 속에서 교과 내용을 통한 바른 교육의 실시는 이들이 민족사회의 처지를 깨달을 수 있는 기회까지 함께 부여해야 하는 것이다.

의식 있는 교사라. 의식이 없는 교사도 있는가. 어디 무의식의 식물인간 교사라도 존재하는가. 이 말의 또 다른 뜻은 이런 거다. 의식이 없으면 교사 아니다. 의식이 없으면 선배 아니다. 아무리 인격이 훌륭해도, 학원보다 몇 배 더 잘 가르쳐도 의식이 없으면 그냥 '꽝'이다. 전교조의 부실 수업 사례를 숱하게 읽었다. 이들이 당당할 수 있는 이유는 그거다. 의식만 있으면 된다.

> 교사들의 지원이 절실하다. 그것은 고교생 운동을 측면 지원하는 것으로 고교생 활동가의 발굴과 양성 및 고교생 조직화의 토대를 마련해 주는 것이다. 양자는 결코 분리된 것이 아니다. 누구보다도 많은 시간을 고교생

과 함께 보내며 고교생들이 교사에게 갖고 있는 신뢰도는 아직도 매우 두터운 편이어서 교사들은 고교생의 의식화와 조직화의 과제를 나누어 담당하는 데 있어서 한결 유리한 위치에 서 있다.

물론 여기서 선생이란 전교조 선생이다. 나머지 선생은 그냥 깔아뭉개면 된다. 특히 친미적, 친정권적 발언을 하는 교사들은 그냥 제낀다(이 부분은 나중에 학생인권조례를 통해 구체화 될 '뻔'했다) 이때까지만 해도 참교육이란 단어가 등장하지 않았다. 참교육이란 단어가 공식적으로 쓰인 것은 89년의 전국교직원노동조합 발기 선언문에서부터이다. 민중 교육이란 단어가 주는 거부감을 참교육이라는 말로 돌파하기로 전략을 수정한 것이다. 이를 전문 용어로 '프레이밍(framing)'이라고 부른다. 언어로 사고(思考)를 제어하는. 원래는 상대에게 정보를 제시하는 방법에 따라 그 효과가 다르게 나타는 것을 말한다. 정치공학에서는 이 '어' 다르고 '아' 다른 것을 효율적으로 조종하여 원하는 결론을 끌어내는 '스킬'을 뜻한다. 가령 이름 붙이기를 '희망버스'로 했다고 치자. 시위현장에서 이 '희망'버스를 공권력이 차단했다. 그럼 신문 기사는 이렇게 나온다. '전투 경찰, 희망버스 저지'. 버스는 사라지고 마치 전경이 희망을 막아서는 것처럼 들린다. '참교육'은 이런 고뇌의 산물이다. 참, 교육 어렵게 탄생했다.

이상, 대한민국 만세.

명랑
소설
#6

## 불평하지 마라. 인생은 딱 흘린 땀의 총량

청춘을 위한 고언 하나 드립니다. 먼저, 불평하지 말라는 말씀을 드리고 싶습니다. 제가 느끼는 2011년 한국 사회는 '불평을 조장하는 사회'입니다. 인류가 탄생한 이래 단 한 번 이뤄져 본 적이 없는 평등하고 공평한 세상을 마치 금방이라도 실현할 수 있는 것처럼 떠들어 대는 무리 때문에 세상 꼴이 뒤숭숭, 흉흉 이 모양입니다.

외부 강연 가면 학부모님께 항상 드리는 말씀이 있습니다. 제발 자녀들에게 너는 머리는 좋은데 노력을 안 해 같은 소리 하지 말라고요. 자꾸 그렇게 말하면 자녀가 그 말을 믿습니다. 믿는 것까지는 좋은데 나중에 일이 잘 안 풀리면 부모 탓을 합니다. 세상 탓을 합니다. 나는 머리는 좋은데 집안에서 안 받쳐줘서 이 모양이다, 나는 최선을 다 했는데 세상이 꼬여 있어서 되는 일이 없다, 투정을 부립니다. 어디서 주워들은 건 있어서 나중에는 학연, 지연을 끌어다 대며 이게 한국 사회를 망치고 있고 그것만 아니라면 내 인생도 쭉쭉 뻗어나갈 수 있다고 분통을 터트립니다.

영화 'G. I. 제인'에 이런 대사가 나옵니다. "자기 자신을 동정하는 동물은 인간밖에 없다." 그렇습니다. 덫에 걸려 발목이 잘린 삵이 '나는 발목 하나가 없으니까 참으로 불행해. 나는 나를 위해 울고 싶다'고 말하는 것 들으신 적 있습니까. 그저 묵묵하게 불공정한 상태에서 눈 덮인 설산을 홀로 외롭게 사냥하며 살아갑니다. 그나마 인간이 동물보다 나은 건 그런 낙오자를 위해 손길을 내미는 주변이 있기 때문일 것입니다. 이렇게 말해주셔야 합니다. 너는 머리가 없고 우리 집은 돈이 없으니까 죽어라 노력해야 해!

'불평 조장자들'이 성토해마지 않는 학연도 그렇습니다. 실버 스푼을 물고 태어나지 못했으니까 그나마 후천적으로 성취가 가능한 학연이라도 만들기 위해 좋은 대학을 가려고 하는 겁니다. 그게 아니라면 왜 잠 줄여가며 코피 쏟아가며 공부를 합니까. 그렇게 귀한 피로 얻은 학연과 인맥을 왜 비난합니까. 혹시 결과가 탐나니까 시비를 거는 것은 아닌지요. 말을 바꿔 학연도 안 생기고 좋은 직장도 안 생기고 탐나는 배우자도 안 생긴다면 입시에 취업에 뭐하러 그렇게 매달리겠습니까. 인생은 내가 노력한 만큼 딱 거기까지만 얻을 수 있다는 사실을 받아들이세요. 얻을 수 있는 행복 이상을 아쉬워하며 마치 빼앗긴 듯, 에잇 이 더러운 세상! 분노하지 마세요.

말콤 글래드웰이 말한 1만 시간의 법칙이 있습니다. 어떤 분야에서 성공하기 위해서는 1만 시간을 노력해야 한다는 이야기입니다. 대체로 맞습니다. 그런데 고수의 말을 곧이곧대로 믿으면 안 됩니다. 그 사람들은 힌트만 주지 절대 정답은 주지 않습니다. 말콤 글래드웰이 1만 시간의 법칙을 설명하기 위해 끌어들인 인물은 영국의 록그룹 비틀스입니다. 스타가 되기 전 함부르크의 클럽에서 1만 시간을 연주했다고 하네요. 그러나 비틀스는 평범한 사람들이 아닙니다. 비틀스의 결성은 리버풀이라는 코딱지만한 동네에서 모차르트가 네 명 동시에 탄생한 것과 같은 사건이요 그런 천재들의 만남입니다. 즉 일반인이라면 그보다 몇 배 더 해야 한다는 '진짜' 메시지가 숨겨져 있는 겁니다. 최소한 두 배 이상입니다. 다른 말로 '사생결단'이라고 합니다. 사생결단하고도 성과를 얻지 못했다는 말을 저는 아직 들어보지 못했습니다. 잘못된 세상을 진단하고 바꾸려는 노력과 허언(虛言)으로 불평과 핑계를 조장하는 짓은 구별되어야 합니다.

명랑
소설
#7

# 스펙이 휴지되는 날 온다, 왜 남들 늘어선 줄에 서려하는가

"선생님은 수구예요. 생각하는 방식이 완전 밥맛없는 꼰대라고요."

"버르장머리 없는 네 얘기를 이렇게 친절하게 들어주고 있는데도?"

"칫, 마음에 드는 건 그거 하나뿐이예요. 요새는 그것도 가식 아닌지 의심스럽지만요."

얼마 전 제자와 나눈 대화 중 일부다(따르는 제자가 몇 명 없어 매우 관대하다). 요지인즉, 소생이 기존 질서를 대변하면서 청춘들의 목소리를 불평으로 깎아내리고 노력이 통하지 않는 불평등한 세상을 옹호하며 그저 죽어라 노력하라는 안 하느니만 못한 말만 늘어놓고 있다는 얘기다. 그래도 속을 보여주니 고마웠다. 나이 먹으면 입은 닫고 지갑은 열라고 했다. 술 몇 잔 들어가더니 씩 웃는다.

"아까 가식이라고 비난한 건 취솝니다."

"자식이라고만 부르지 말아다오."

물론 대화는 저렇게 오가지 않았다. 뉘앙스를 살리기 위해 제자의 어투를 내 소감으로 옮겼다. 꾸벅꾸벅 조는 제자를 보며 곰곰이 생각했다. 노력하라고 말한 게 잘못인가. 그런데 정말 노력이라고 부를만한 것을 하기는 한 것일까. 방학 동안 행적을 물었더니 영어를 중심으로 소위 '스펙' 강화에 매진했단다. 제자를 해부대 위에 올렸다. 소생과 두 띠동갑이니 90년 말띠다. 90년 말띠면 출생 인구 63만 9,208명에 남자는 34만 1,657명, 여자는 그 나머지. 지극히 평균적 인간으로 가정했을 때 제자의 영어 성적은 동년배 중 1만 등 안팎일 것이다. 얼마나 앞질렀을까. 또래들 역시 놀지는 않았을 것이니 잘 봐줘야 200명 제쳤을 것이다. 미안하지만 그건 노력이 아니라 '고생'이다. 살아가면서 1만 번째 영어 실력에 영어 관련 업무가 주어질 확률은 벼락이 3회 연속 머리에 떨어질 확률보다 낮다. 학생들에게 종종 해주는 얘기가 있다. '어느 업종이 되었건 여러분은 항상 상위 3%와 경쟁하게 된다. 혹시 자신이 원하는 분야에서 10% 밖이라고 생각되면 즉시 퇴각하고 다른 활로를 찾아라.'

그럼 97%는 죽으라는 말씀? 아니다. 세상이 못되긴 했어도 그렇게 잔인하지는 않다. 일단 그놈의 스펙부터 잊어라. 스펙은 어떤 제품과 결합했을 때 가장 효율적으로 작동할 수 있는지 관리자들에게 알려주는 '제품 사용 설명서'다. 스펙은 일종의 줄 세우기다. 관리자들은 우리들의 소중한 인생에는 손톱만큼도 관심이 없다. 그저 세워놓은 줄 '앞에서'부터 필요한 만큼 뽑아다 쓰면 그만이다. 코앞에서 차출이 끝나 울어봐야 소용없다. 차라리 '식스팩'을 보여주며 몸이 건강하니 힘쓰는 일이라도 하겠다고 들이미는 게 효율적이다. 마트 계산대에서도 긴 줄에는 서지 않는 게 상식이다. '일상'에서도 통하는 이 당연한 원칙을 왜 '인생'에는 적용하지 못하는 것일까.

"그렇다고 토익을 접고 인도네시아어를 공부할 수는 없잖아요" 하실지 모르겠다. 거참, 1만등이나 30만등이나 받는 대접은 거기서 거기라니까. S출판사 강 국장은 이렇게 말한다. "저는 애들 영어랑 중국어 안 가르치려고요. 앞으로 발전 가능성이 있는 데는 남미, 아시아 일부 그리고 아프리카 아니겠어요." 영어 공부를 하지 말라는 얘기가 아니다. 30만 등 하는 영어라면 접는 게 낫다는 얘기다. 어느 날 갑자기 자신이 쌓아온 모든 스펙이 휴지가 되는 그런 무서운 날을 상상해 본 적이 있는가. 미안하지만 그런 날은 온다. 어쩌면 참 빨리 올지 모른다. 소생이 말한 노력은 남들이 다 하는 노력이 아니다. 노력은 남들이 안 하는 것을 할 때만 그 의미가 있다. 줄을 서지 말고 스스로 줄을 만들어라. 이 대목에서, "유리하지만 불확실한 미래보다는 불리하지만 확실한 현실에 투자하겠어요" 하는 분 계실 것이다. 간택되어 '부품'이 되고 싶다면 굳이 말리지는 않겠다. 부품의 비극은 인간대접을 못 받는 게 아니라 교체되는 것이다.

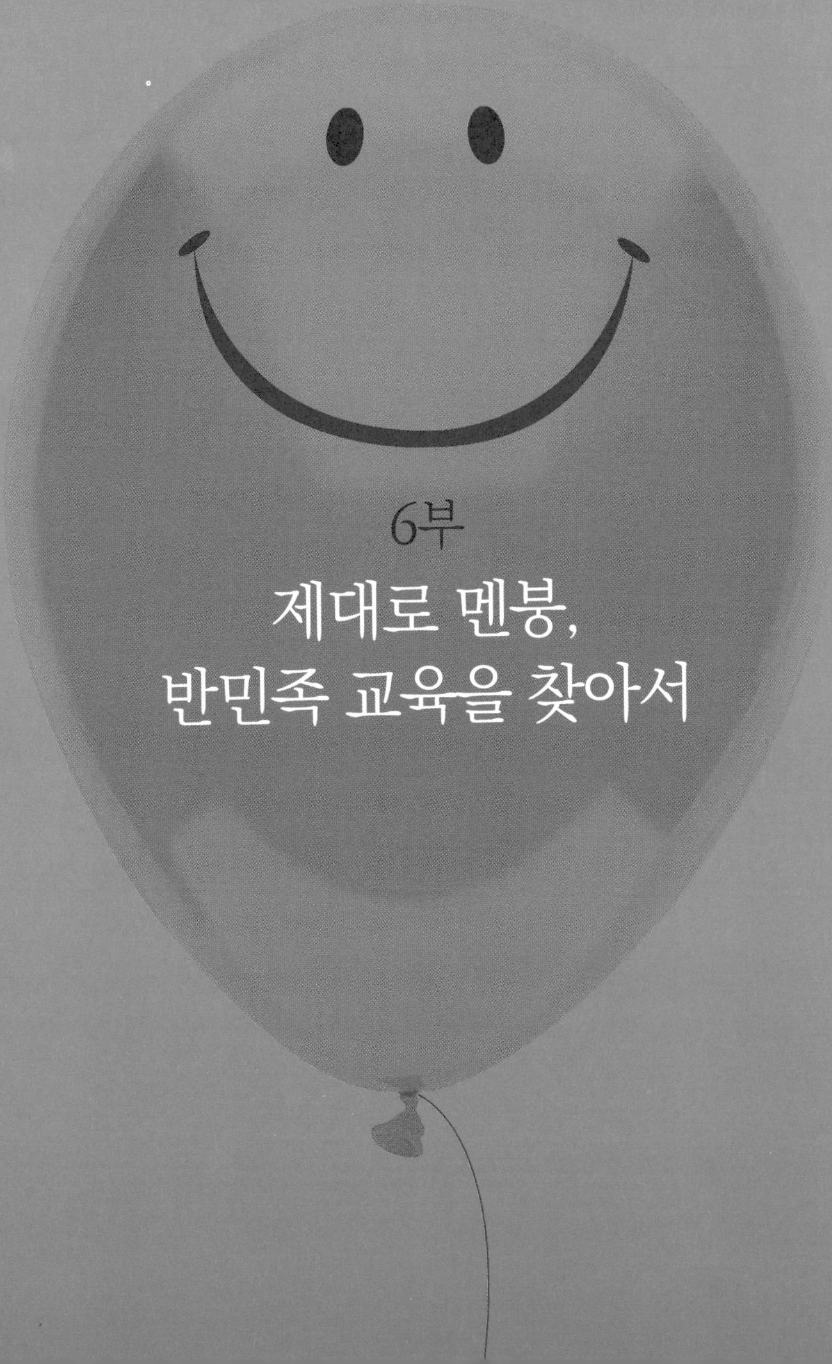

6부

# 제대로 멘붕, 반민족 교육을 찾아서

# 시대를 '희한하게' 읽는 교육사

현 전교조 수석부위원장인 박미자씨가 쓴 책이 있다. '시대를 읽는 교육사'라는 제목이다. 박씨는 2005년부터 2007년까지 전교조 통일 위원장으로 활동한 경력이 있다. 박미자의 책을 고른 이유는 그녀가 전교조의 우리 역사 이해에 이론적인 틀을 제공하고 있으며 당연히 전교조의 역사관을 반영하고 있기 때문이다. 대체 그녀는 지난 시대를 어떻게 바라보고 있을까. 책 전체를 반박하자면 이 책 한 권으로는 부족할 것

이니 딱 세 '꼭지'만 찍어서 반론 펴겠다. 역사를 정치에 종속시키는 경향을 흔히 '스탈린주의적 편향' 이라고 하는데 박미자의 역사 이해와 그 목적은 매우 정확히 스탈린주의적 편향과 일치한다. 역사 연구가 특정 이념을 두둔하거나 사회적인 목표를 달성하는 수단으로 작동하는 것은 지식인 사회에서 반드시 피해야 할 덕목이지만 그녀의 전공이 국문학이라는 것을 감안해 한번 넘어가 준다. 일단 그녀가 보는 미군정은 '점령군으로 이 땅에 들어온 미군'이다.

'미국은 해방 후 우리의 염원인 자주적 민주국가 수립을 위한 전체 민중의 열망과 노력을 철저하게 부정하고, 남한 전역에 자발적으로 구성된 인민위원회를 해체시켰다. 일제와 다름없는 식민지 지배자로서, 그리고 남한에 대한 점령군으로서의 자신의 의도를 조금도 숨기지 않았다.'

-위 책 63p

우리나라가 어떻게 해방을 맞았는지는 초등학생도 안다. 아시아와 태평양의 주도권을 놓고 일본과 미국이 한 판 붙은 끝에 일본이 패배하여 우리는 해방이 되었다. 말난 김에 미국이 전 세계의 비난을 쏟아질 것을 뻔히 알면서도 나가사키와 히로시마에 핵을 투하한 이유를 알아보자. 왜 미국은 일본 본토로 직접 쳐들어가지 않고 치사하게 영공에서 폭탄을 떨어뜨렸을까. 간단하다. 미군은 일본의 정신력이 두려웠기 때문이다. 수천 년 간 인간의 발길이 닿지 않은 태고의 정글을 정신력 하나로 돌파하여 상대편의 수도를 함락시키는 전략 없는 전략에 질렸다. 말 그대로 최후의 일인까지 싸우는 반자이 돌격, 적의 항공모함에 도달할 양만큼의 연료를 넣어주고 날려 보내는 카미카제 자살 특공대(그렇게 하는 인간이나 그렇다고 그 비행기를 타고 날아가는 인간이나)에 기겁했다. 인간 어뢰 카이텐이라는, 사람의 목숨에 대한 배려가 전혀 없는 이 동양인들이 무서웠다. 게다가 툭하면 민간인들도 옥쇄를 부르짖는다. 일제는 미국, 영국을 귀신이나 짐승으로 저주하여 '미영귀축' 이라 불렀는데 미군이 볼 때는 일본군이야말로 살아있는 귀신이었다. 미군 수뇌부가 시뮬레이션을 해본 결과 일본 본토에 상륙하여 완전 점령을 할 때까지의 미군 인명 피해는 무려 50만 명이었다. 바보가 아니라면 차라리 포기하지 미쳤다고 일본 상륙 작전을 펼치겠는가. 말이 길어졌다. 하여, 두 도시가 잿더미가 된 덕분에 우리는 해방이 되었다.

박미자가 말한 '우리의 염원인 자주적 민주국가 수립을 위한 전체 민중의 열망과 노력'은 죄송하지만 당시에 조선에 없었다. 지금 들어도 자주적 민주국가라는 말은 어렵다. 그걸 1945년의 조선 민중들이 열망하고 있었다니. 그건 21세기를 사는 박미자가 지난 시대를 돌아보면서 아쉬워할 때나 가능한 자기 욕망의 투사일 뿐이다. 전상인 교수의 '해방공간의 사회사'를 보면 해방 직후 일반 민중에게 중요했던 것은 민족이니 계급이니 하는 거창한 이야기가 아니었다. 그저 일상적인 삶의 영역이었던 가족, 가문, 마을 등 전통적인 인간관계였을 뿐이다. 봉건제에서 식민지를 거쳐 본 게 그게 전부인 사람들이 자주적 민주국가를 염원했다? 아마 본인도 좀 과도하다고 생각했을 것이다.

'일제와 같은 식민지 지배자'라. 20세기 중반을 넘어서면서 세계 자본주의는 경영 전략을 바꾼다. 예전에는 직접 '땅'을 확보하는 것이 식민지 전략이었지만 그건 귀찮기만 하고 전문 용어로 '인건비'가 안 빠지는 짓이었다. 미국으로서는 다만 그들의 상품을 구매해 줄 나라들이 필요했을 뿐이다. 이는 미국이 전쟁에 참가하면서 그 조건으로 영국을 비롯한 연합국에 식민지의 무조건적인 독립을 요구한 것을 보면 알 수 있다. 그 결과 영국을 비롯한 연합군은 그들의 식민지에서 발을 뺐다. 미국 역시 필리핀으로부터 군말 없이 철수했다. 그래서 '일제와 같은 식민지'라는 표현은 역사에 대한 무지를 드러내는, 그러면서도 역사를 멋대로 재단하고 싶은 욕구의 발현인 것이다. 미국은 한반도의 '땅'에 대한 관심이 전혀 없었다.

궁금한 게 생긴다. 미국은 그렇다치고 태평양 전쟁에 아무런 공로가 없는 소련은 어떻게 한반도 북부에 대한 권리를 확보할 수 있었을까. 심지어 소련이 일본에게 선전포고를 한 것은 일본이 연합국에 항복을 타전한 이후다. 항복한 나라에 선전 포고라니 참

세계 전쟁사에 길이 남을 명장면이다. 루스벨트는 공산주의를 몰랐고 스탈린이 얼마나 영리한 인간인지 짐작조차 못했다. 루스벨트의 머리 속에만 한반도가 관심 외였던 것은 아니다. 스탈린의 전략지도에도 한반도는 없었다. 스탈린이 한반도에 대해 흥미를 느낀 건 중국 공산당의 약진 때문이었다. 마르크스주의를 내세우고 있었지만 같은 편인지 확실하지 않았고 혹시라도 중국이 미국과 손을 잡으면 소련은 다각도로 난처해지는 것이다. 그 이유가 한반도 분단의 원인이 된다. 그리고 그 중요성이 6·25를 촉발시킨 여러 가지 요인 중 하나로 작동하는 것이다.

박미자 주장의 핵심은 별거 아니다. 그냥 미국을 우리 민족의 원수이자 분단의 원흉으로 만들고 싶었을 뿐이다. 이를 위해 박미자는 한반도 주변 정세에 기꺼이 귀를 닫았고 눈길을 돌렸다. 초반에 말한 스탈린주의적인 편향은 역사를 이렇게 심각하게 왜곡한다. 이제 대한민국 건국으로 들어가 보자

> '1948년 남한의 단독선거에 반대하는 민중들의 저항은 격렬했으며 제주 4·3항쟁을 통해 분출되었다. 30만 도민 가운데 10% 이상의 사람들이 무력에 의해 목숨을 잃은 제주 4·3항쟁은 민중의 통일국가에 대한 간절한 열망을 보여주고 있다.'
>
> -같은 책 115p

제주 4·3사건 진상규명 및 희생자 명예회복위원회의 진상조사 결과에 의하면 당시 제주도의 상황은 해방으로 부풀었던 기대감이 점차 사라지고 미군정의 현실 이해 부족에 기인한 불만이 서서히 확산되는 분위기였다고 한다. 약 6만 명에 이르는 귀환인구의 실직, 생필품 부족, 전염병, 대흉년과 미곡정책의 실패 등 여러 악재가 겹쳤다. 여기에 남한 단독 정부수립을 반대하는 남조선로동당계열 좌익세력들의 활동과 군정경찰, 서북청년단을 비롯한 극우 반공단체의 대립이 기름을 부었다. 그러나 그 시작은 참 어이없는 사건에서 출발한다.

1947년 3·1절 기념식에서 기마경관의 말발굽에 어린아이가 다치는 일이 벌어졌고 이를 본 군중들은 기마경관에게 돌을 던지고 야유를 보내며 경찰서로 몰려갔다. 일이 꼬이려고 그랬는지 경찰은 이를 경찰서 습격으로 오인하여 시위대에게 발포해 6명이 사망하고 6명이 중상을 입었다. 발포사건의 전모를 모르던 미군정 당국은 이 발포사건의 잘못을 시인하면서도 정당방위로 주장하고 사건을 '시위대에 의한 경찰서 습격사건'으로 규정, 행사 간부와 학생들을 연행하기 시작했다. 이에 남로당은 이런 민심의 흐름을 놓치지 않고 조직적인 반경활동을 전개했다.

3월 10일부터 제주도청을 시작으로 민관 총파업이 발생했다. 제주도의 경찰 및 사법기관을 제외한 행정기관 대부분인 23개 기관, 105개의 학교, 우체국, 전기회사 등 제주 직장인 95%에 달하는 4만 여명이 참여하였고 심지어 제주 경찰의 20%도 파업에 참여하였다는 기록이다. 경찰은 3월 15일부터 파업 관련자 검거에 나섰고 이 과정에서 3월 17일 수감자 석방을 요구하는 군중에 또 다시 발포하는 사건이 일어난다. 경찰은 4월 10일까지 500명 가량을 검거하였는데 검거자 중 66명의 경찰이 파면되었고 그 자리는 서북청년회 소속으로 충원됨으로써 제주도민들과 군정경찰 및 서북청년단 사이에서는 대립과 갈등이 더욱 커져 갔다. 이때부터 양측의 감정적인 보복이 제주의 산과 들을 피로 물들인다. 남로당 제주도당이라고 만행의 기록에서 자유로운 것은 아니다. 남로당 제주도당 소속 무장단체는 경찰, 서북청년회 숙소, 독립촉성국민회, 대동청년단 등 우익단체 요원의 집을 지목해 기습 공격을 가한다. 우익 단체에 보낸 경고문을 보면 "친애하는 경찰관들이여! 탄압이면 항쟁이다. 제주도 유격대는 인민들을 수호하며 동시에 인민과 같이 서고 있다"고 적혀있다. 그러나 그들은 우익인 문영백씨의 14살, 10살 어린 딸을 무참히 죽였다. 우익은 인민이 아니었다. 서북청년단에게 '빨갱이'가 인간이 아니었듯.

박미자는 '30만 도민 가운데 10% 이상의 사람들이 무력에 의해 목숨을 잃은 제주 4·3항쟁은 민중의 통일국가에 대한 간절한 열망을 보여주고 있다'고 주장한다. 그러나 비극은 비극이고 본질은 본질이다. 그 끔찍한 살육이 오로지 민중의 통일 국가에 대한 간절한 열망 뿐이었을까. 그런 경우도 있을 것이다. 그러나 북쪽에서 '빨갱이'들에게 당하고 내려온, 정확히는 부모 형제가 살해된 청년들의 보복 심리와 당시 제주도의 상황이 맞물리면서 비극이 벌어진 것이다. 박미자에게 묻고 싶다. 당시 4·3의 민간인 살해 기록을 보라. 그 죽어간 사람들은 대체 왜 자신이 죽어야 하는지 영문도 모르고 총알에 몸이 관통당하거나 죽창에 찔렸을 것이다. 그걸 간절한 열망이라고 취향대로 가져다 붙이면 안 된다. 역사에서 분노를 배우는 것은 정신건강에 매우 해롭다. 자, 마지막이다.

'그리고 1950년 6월 한국 전쟁이 일어났다. 나라는 황폐화되었으며, 남북분단은 고착화되었다.'

-같은 책 116p

하하하, 부연 설명이 필요 없다. 정말 웃음밖에 안 나온다. '1950년 6월 한국 전쟁이 일어났다'라니. 1950년 북한의 기습 공격으로 6·25가 일어났다,고 해야 맞는 건 초딩도 안다. 물론 박미자가 그걸 몰라서 쓰지는 않았을 것이다. 이 부분은 통진당 대표였던 이정희에게 6·25가 남침이냐 물었더니 좀 생각해 봐야겠다고 말한 부분과 같은 원리다. 둘은 같은 병을 앓고 있다. 안쓰럽다. 그리고 한국 전쟁이라고 쓰면 안 된다. 그건 외부에 있는 사람, 국외자나 쓰는 말이다. 정확히는 이렇게 써야 한다. '6.25 김일성 침략전쟁'

박미자의 책이 본격 역사서는 아니다. 정확히는 교육 운동 변천사지만 내용을 보면 그 운동의 기반이 되는 한국사에 대한 인식이 많은 부분을 차지하고 있다. 더구나 2005년부터 2007년까지 전교조 통일 위원장으로 활동했다. 통일 위원장으로 어떤 주장을 펼치고 어떤 이벤트를 기획했을지 짐작이 가고도 남는다. 그래도 내게도 참 고마운 분이다. 이 책을 쓰게 만드신 일등 공신 중의 한 분이니까.

이상, 대한민국 만세.

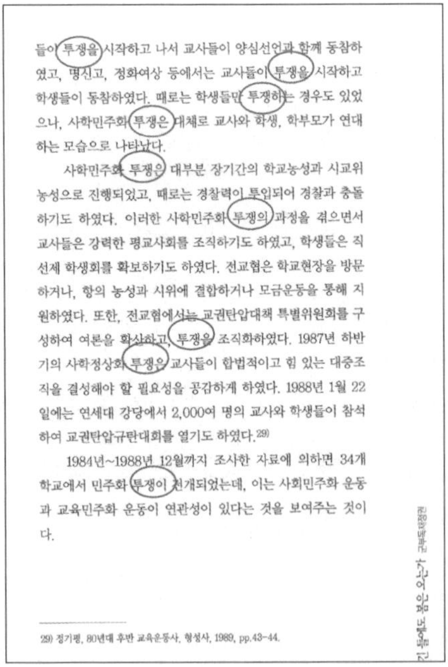

들이 투쟁을 시작하고 나서 교사들이 양심선언과 함께 동참하였고, 명신고, 정화여상 등에서는 교사들이 투쟁을 시작하고 학생들이 동참하였다. 때로는 학생들만 투쟁하는 경우도 있었으나, 사학민주화 투쟁은 대체로 교사와 학생, 학부모가 연대하는 모습으로 나타났다.

사학민주화 투쟁은 대부분 장기간의 학교농성과 시교위 농성으로 진행되었고, 때로는 경찰력이 투입되어 경찰과 충돌하기도 하였다. 이러한 사학민주화 투쟁의 과정을 겪으면서 교사들은 강력한 평교사회를 조직하기도 하였고, 학생들은 직선제 학생회를 확보하기도 하였다. 전교협은 학교현장을 방문하거나, 항의 농성과 시위에 결합하거나 모금운동을 통해 지원하였다. 또한, 전교협에서는 교권탄압대책 특별위원회를 구성하여 여론을 확산하고, 투쟁을 조직화하였다. 1987년 하반기의 사학정상화 투쟁은 교사들이 합법적이고 힘 있는 대중조직을 결성해야 할 필요성을 공감하게 하였다. 1988년 1월 22일에는 연세대 강당에서 2,000여 명의 교사와 학생들이 참석하여 교권탄압규탄대회를 열기도 하였다.[29]

1984년~1988년 12월까지 조사한 자료에 의하면 34개 학교에서 민주화 투쟁이 전개되었는데, 이는 사회민주화 운동과 교육민주화 운동이 연관성이 있다는 것을 보여주는 것이다.

29) 정기평, 80년대 후반 교육운동사, 형성사, 1989, pp.43-44.

박미자가 인용한 글. '투쟁'이라는 단어만 무려 9번 나온다. 그녀에게 한국 교육 운동사는 오로지 투쟁일 뿐이다?

# 달라도 너무 다른 잣대와 절정의 왜곡

전교조 부산지부 통일위는 통일학교를 개설, 2005년 10월 18일부터 11월 1일까지 총 3회에 걸쳐 사회, 도덕, 역사 교사 등을 대상으로 통일 교육을 실시했다. 이 통일 교육은 북한 바로 알기 혹은 북한 정권 정통성 이해하기가 목적으로 보인다. 교재는 전교조에서 만들었지만 실은 북한에서 발간한 '현대조선역사'를 표지만 바꿔 달았다는 것이 소생의 생각이다. 당연히 팩트만 가지고 말하는 거다.

> 조선혁명군을 결성한 후 그 대오를 부단히 확대하면서 대원들의 정치 사상적 및 군사적 자질을 빨리 높이도록 하였다.
>
> -위 교재 2p

김일성은 조선혁명군을 결성한 후 그 대오를 부단히 확대하면서 대원들의 정치 사상적 및 군사적 자질을 빨리 높이도록 하였다.

-현대조선역사 52p

'누가'가 빠져있는 것 빼고는 똑같다. 행위 주체가 없는 것은 별 복잡한 이유 아니다. 알려지면 시끄러워지니까. 친일이 득세한 남한에 비해 북쪽의 활동은 참으로 의롭고 본받을 만하다.

15성상에 걸친 조선인민의 영웅적인 항일무장투쟁은 조국청사에 영원히 빛날 불멸의 업적을 쌓아올리고 빛나는 승리를 이룩하였다.

-위 교재 17p

김일성이 조직영도한 15성상에 걸친 조선인민의 영웅적인 항일무장투쟁은 조국청사에 영원히 빛날 불멸의 업적을 쌓아올리고 빛나는 승리를 이룩하였다.

-현대조선역사 161p

연달아 붙여놓으니 혹시 편집 실수가 아닐까 싶을 정도다. 계속해서 비슷한 내용이 이어지는데 여기 한 가지 치명적인 '미스'가 있다.

김일성은 6월 26일 전체 인민들과 인민군 장병들을 전쟁 승리로 조직동원하기 위하여 "모든 힘을 전쟁의 승리를 위하여"라는 방송 연설을 하였다.

-위 교재 35p

이건 빼는 게 낫지 않았을까. 남쪽에서 불시에 쳐 올라간 것이 전교조가 생각하는 역사적 진실인데 25일 새벽에 침공을 당하고 26일에 '모든 힘을 전쟁의 승리를 위하여'라니. 급습을 당했다면 비분강개의 목소리로 '남조선 괴뢰들의 기습적이고, 도발적인 침략에 맞서'로 피를 토해야 맞지 않나? 이유는 딱 하나다. 북쪽에서 그렇게 말하고 있기 때문에. '현대조선역사'를 보자.

김일성은 6월 26일 전체 인민들과 인민군 장병들을 전쟁 승리로 조직동원하기 위하여 "모든 힘을 전쟁의 승리를 위하여"라는 방송 연설을 하였다.

-현대조선역사 274p

뭐 대체로 이런 식이다. 한편 전교조 서울지부 사립중서부지회 통일모임 교사들은 2003년 4월 21일부터 6회에 걸쳐 '현대사' 학습 명목으로 박세길의 '다시 쓰는 한국 현대사'를 교재로 채택하고 보조자료로는 '한겨레 21'의 '김일성 가짜설 누가 퍼뜨렸나', '가랑잎으로 압록강을 건너시고' 등의 기사를 활용했다. 이 학습은 1930년대 이후의 민족해방투쟁부분 중 김일성이 관련된 항일

무장투쟁을 기정사실화하는 것이 목표였다. 또한 미소공동위원회가 결렬되고 대한민국정부 수립 문제가 소련의 방해공작이었음은 만천하가 다 아는 사실인데도 "유엔에 의한 대한민국 정부 승인은 미국과 그 동맹국들의 인정을 받은데 불과한 것" 이라며 대한민국 건국을 '불과한 것'으로 비하했다. 그래도 대견하지 않나, 묻고 싶다. '불과한 것'들이 불과 60년 사이에 이만큼 성장발전을 했으니.

'가랑잎으로 압록강을 건너시고' 부분에 대해서는 개인적으로 이런 분석이다. 원래 적에게 두려움을 심어 주기 위해서는 과장이 필수다. 평범한 재주를 가진 평범한 인물이면 신비감도 떨어지고 덩달아 대중들의 열망도 그토록 불타오르게 하지 못할 테니까. 그러니까 비범하게 인물을 포장하고 신묘한 능력을 부여하는 거다. 일제에 대한 프로파간다로 활용되었던 수사(修辭)에 사실여부, 가능여부를 따질 필요는 없다. 만약 그게 사실이라면 논쟁은 이런 제목으로 펼쳐져야 하지 않을까. '그것이 알고 싶다. 김일성, 그는 진짜 초능력자였는가'

마지막으로 한 가지만 더 하자. 전교조는 남한이 친일분자들이 득세하고 본격적으로 삐끗하기 시작한 것을 해방 후 토지개혁의 엉망진창 시행이라고 주장한다. 전교조의 주장을 담은 글은 생략한다. 너무 많아서. 북한은 깔끔하고 민중적으로 토지개혁을 완성했다는 주장이다. 정말 그랬을까.

북한의 토지개혁은 '무상몰수 무상분배'로 알려져 있다. 개념 상실 역사 교과서로 손가락질 받은 금성출판사 '고등학교 한국 근, 현대사'를 보면 '대지주의 땅을 몰수하여 농민에게 나누어주는 토지 개혁을 실시하였다' 라고 되어 있다(동 책 265p). 그러나 북한의 토지개혁이 '무상몰수 무상분배'였다는 것은 약간의 거짓말 30%와 새빨간 거짓말 70%로 구성된 사기극이다. 당연히 무상으로 몰수했다. 다음에 농민들에게 나눠주었는데 소유권이 아니라 경작할 권리만 나눠줬다. 농업집단화라는 시스템을 도입하고서는 그나마도 다시 빼앗았다. 북한의 농지개혁은 그냥 국유화다. 이상도 이하도 아니다. 브라질의 '빨갱이' 대통령 룰라는 한국 경제 성장의 토대로 남한의 농지개혁을 꼽았다. 너무 부러워했다. 2005년 방한 당시 자기네는 아직도 농지 개혁을 못하고 있다며 아쉬워했다. 룰라가 뭘 몰라서 그랬을까.

남한의 토지 개혁에 있어 가장 목청을 높이는 부분이 '농지위원회'의 주체가 지주였기 때문에 죄다 자기들 유리한 방식으로 농지개혁을 했다는 주장이다. 사실과 다르다. 남한의 농지개혁은 행정관료가 주도했고 농지위원회는 병풍이었다. 좌파들의 '공인' 역사 교과서인 '해방전후사의 인식 2'에는 장상환의 '농지개혁 과정에 관한 실증적 연구'가 실려 있다. 보면 이렇다. '농지위원회는 법적으로 매수당하는 측과 분배받는 측이 동수로 구성될 것이 요구되었을 뿐만 아니라 최하단위인 리, 동 단위의 실무위원회에서는 지주층의 숫자가 부족하여 대부분 소작, 자작농으로 구성되었다고 한다. 실제로 농지위원회의 활동은 대체로 공정하였고 약간이나마 소작인 편이었다고 한다(위 책 345p). 지주들이 장악하긴 뭘 장악했냐는 말씀이다.

형식이 뭐 중요해 내용이 문제지 하실 분 있겠다. 내용도 보자. 몰수대상 농지에 대한 보상액이 연간 수확량의 1.5배다. 일제시대 농지의 가격은 대략 연간수확량의 6배였다. 대략 4분의 1 가격이다. 1.5배의 가격은 곡물로 5년 간 갚으면 그만이었다. 이는 법정가격으로 정해진 것인데 전시 인플레 방지를 위하여 시장 가격의 절반 수준이었다. 결국 지주가 받는 것은 연간 수확량의 0.75배 뿐이었다. 그것도 5년 분할로. 숫자가 나오니까 나도 머리가 아프다. 인문학적으로 정리한다. 당시 남한 지주들은 이렇게 비명을 질렀다. "이승만이나 김일성이나 똑같은 놈이다." 요기까지 하자.

이상, 대한민국 만세.

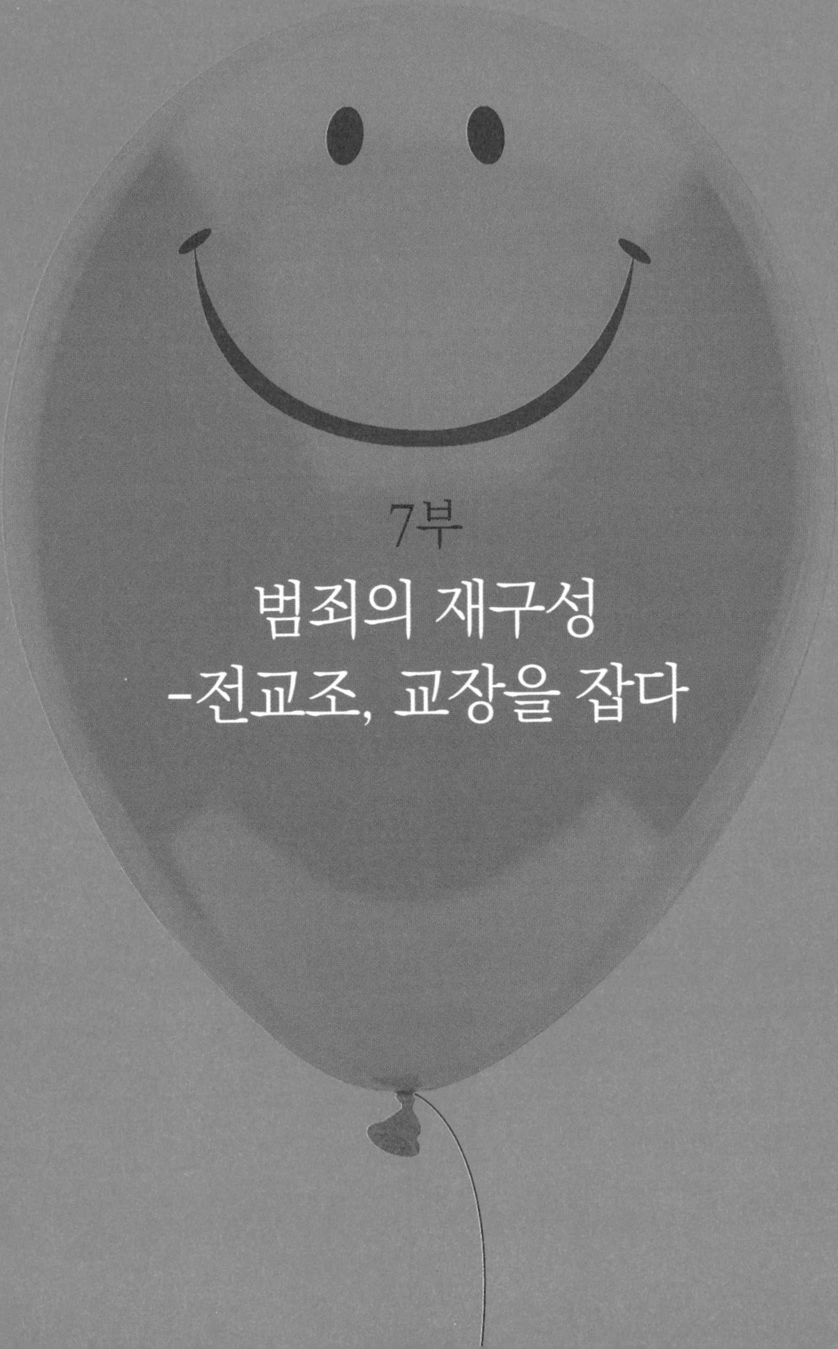

# 7부

# 범죄의 재구성 -전교조, 교장을 잡다

# 전교조 교장을 잡다, 잔인했던 그 봄날의 기록

20대 기간제 여교사가 인터넷에 글 하나를 올렸다. '기간제 여교사는 교장의 노리갯감인가' 라는 자극적인 제목 밑으로 교장, 교감이 차 시중을 요구했고 심지어 수업 중에도 손님이 오면 내려와서 커피를 타라고 지시했다는 내용이 담겨있었다. 기간제교사란 정교사가 육아휴직, 해외유학, 병가 등의 사유로 자리를 비울 때 해당 인력을 보충하기 위해 대체되는 비정규직 교사를 말한다. 제목에는 성(性)적인 뉘앙스가 담겨있다. 노리개란 그야말로 가지고 노는 것이니까.

"교장·교감 선생님 모두 차 심부름을 요구했다. '못 하겠다'고 하니까 수업 중에도 들어오셔서 꾸짖었다. 교장·교감 선생님이 계속 차 심부름을 요구해 이틀 병가를 내고 쉬었다. 기간제 교사인데다 여성이라는 이유로 당하는구나 생각했다. 학교가 이런 곳인 줄 알았다면 오지 말 것 하며 나를 원망했다. (인터넷에 글을 올리기 전에는) 내가 참고 말지, 나 혼자 관두고 말지하고 생각했다. 그러나 또 다른 기간제 교사가 계속 당할 것 아닌가."

노리개가 아니고 차 심부름이었다. 그러나 내용을 보면 무대만 학교일 뿐 한국 사회에서 스물일곱의 비정규직 여성이라면 누구나 겪을 수 있는 일이다. 교육자로서의 자신에 대해 회의를 느낄 정도로 그녀는 상처를 입었고 불면의 밤을 그대로 옮긴 글은 순식간에 퍼져나가 공분을 불러 일으켰다. 결국 예산교육청까지 사태에 개입하게 되고 문제의 차 배달 교장은 보름 후 자살했다. 2003년, 충남 예산의 보성초등학교에서 일어난 일이다. 기간제 여교사의 이름은 진모씨 그리고 자살한 교장은 서승목씨. 여기까지가 언론보도를 통해 일반인들이 알고 있는 대략적인 내용이다. 그런데 사실은 이와 좀 많이 다르다. 2003년 3월로 시계를 돌려 보자.

진모씨는 4년 여 학원 강사를 전전하다가 기간제 교사로 일하게 된다. 처음 학교를 방문했을 때 고인이 된 당시 교장은 부친상을 당하여 출근을 못하는 상태였고 대신 교감에게 면접을 본다. 좋은 인상을 주고 싶었던지 진모씨는 그 자리에서 자발적으로 교감에게 차를 대접했다. 개학을 앞두고 정식으로 인사를 간 날 진모씨는 역시 교감에게 차 한 잔을 타 주었는데 마침 교장이 교장실로 들어가는 것을 본 교감은 교장에게도 한 잔 갖다드리는 것이 좋겠다고 권유했다. 차 시중은 그것이 전부다. 처음이자 마지막이었으며 교장의 지시는 더더욱 아니었다. 물론 수업 중에 손님이 왔다고 차 심부름을 시킨 적도 없다. 이건 상식적으로 말이 안 된다.

실제로 진모씨가 서 교장과 갈등을 빚은 것은 차 심부름 때문이 아니었다. 그녀는 업무미숙, 수업 불충실, 지시 불이행 등으로 서 교장에게 사사건건 지적을 받았다. 자살 이후 발견된 서 교장의 장학록을 보면 그녀의 수업 태도를 엿볼 수 있다. 3월 13일자 장학록에 서 교장은 "컴퓨터를 이용한 음악지도 때 전자오르간을 이용, 가창 지도 후 계명창을 지도하는 게 좋다고 하자 빈자리가 있으니 와서 하루 종일 같이 생활하자고 하는 등 지도하는 입장에서 좀 심하다할 정도로 빈정거림"이라고 적었다.

물론 진모씨는 교대 출신이 아니고 초등교육연수를 받은 적도 없다. 당연히 처음 맡은 초등 수업이 버거웠을 것이다. 처음부터 잘하는 사람은 없으니 최대한 이해하고 싶다. 그러나 3월 17일자 장학록을 보면 생각이 달라지게 된다. 서 교장은 "청소시간에는 아동과 같이 청소를 하면서 지도해야 한다고 하자 본인은 바빠서 청소를 지도할 시간이 없다며 거절했다"고 기술했다. 그 외에도 체육 시간에 치마에 하이힐을 신고 나갔다든지 수업 시간을 임의로 바꾸고 수업 시간에 무단이탈 한 것 등 지적 사유는 차고 넘친다. 인터넷에 '교장박살'이란 아이디로 글을 올릴 때에도 이미 그녀는 사흘 째 무단결근 상태였다.

그녀는 이렇게 청사진을 그렸을 것이다. 이 글이 문제가 되어 전교조가 나서 주고 교장은 궁지에 몰려 결국 자신은 복직될 것이라고. 즉, 진모씨의 최종목적은 '교장박살'이 아니라 전교조를 등에 업은 당당한 복직이었다. 그런 의도가 아니고서는 차심부름 두 번(그것도 본인이 원해서 한 것까지 포함해서)한 것 가지고 고향의 대선배요, 옛 스승(서 교장과 진모씨는 87~88년 예산초등학교 같은 학년의 교사와 학생으로 있었다)에게 그런 악의적인 글을 쓰지는 않았을 것이다. 진 교사는 평소 어떤 인물이었을까. 진 교사를 지켜본 전교조의 정모, 최모 교사는 일제히 "밝고 명랑했다"고 표현했다. 정 교사는 "기간제 여교사로서 참 애썼다"고 말했다. 그러나 비전교조 교사는 "당돌하고 안하무인이었다"면서 "교장 선생님이 차 한 잔 타달란 것이 사실이었다 가정하더라도 초등학교 사제지간(!)에 그렇게까지 비화할 문제는 아니었다고 생각한다"고 말했다. 그녀를 비난하려는 게 목적이 아니니 사건 직후 진모씨가 한겨레신문과의 인터뷰에서 심경을 밝힌 일부를 옮기는 것으로 줄인다. "교장선생님이 원망스럽기도 합니다. 저한테 왜 이렇게 무거운 짐을 두고 가셨을까 하고…" "이번 일을 겪으면서 정규직 교사가 돼야겠다는 마음이 더 간절해졌다" 하여간, 뭐 이 정도면 그 품성에 대해 충분히 설명이 되었으리라 믿는다.

문제는 전교조다. 글이 올라오자 득달같이 달려왔다. 보성초등학교를 방문해 진상을 조사한 후 기간제 여교사의 원상복직과 서면 사과를 요구했다. 서 교장은 원상복직은 수용했지만 긍지와 명예를 이유로 사과는 거부했다. 전교조는 예산교육장실까지 찾아가 소동을 벌인 후에 서 교장에게 언론 공개 등 향후 투쟁 일정을 통보했다. 다음 날 인터넷 신문에 사건이 보도되고 연달아 종이신문에도 기사가 실렸다. 전교조는 '보성초등학교 교장의 기간제 교사 교권 침해 자료'라는 것을 각 학교에 돌렸다. 그리고 다음 날 4월 4일, 글이 올라온 지 보름 만에 서 교장은 자살했다.

전교조는 초법 단체이고 암행어사이고 교육 현장에 관한 한 무소불위의 존재인가. 사실 확인이나 증거확보도 없이 진씨의 주장만 믿고 교장에게 서면사과문을 요구한 전교조도 실은 명예훼손죄나 공무집행방해죄감이다. 진씨는 조합원이 아니므로 정해진 고충처리절차에 따라 문제를 해결해야 하는 게 정상인데 전교조가 지나치게 나선 것은 월권이며 노동법에도 위배되는 것이다. 전교조의 의도와 목적은 그 사건을 자신들이 말하는 개혁대상 즉, 교장, 교감 등 경영진 길들이기의 전환점으로 삼으려는데 있었다. 조직합법화 이후 뚜렷한 성과가 없던 지역전교조의 정치투쟁역량을 과시하고도 싶었다. 그래서 집요하게 이 사건을 물고 늘어졌고 지역신문에 기사를 내면서 사건을 이슈화 하는 데 까지는 성공했다. 아마 속으로 쾌재를 불렀을 것이다. 그런데 서 교장이 자살을 해버린 것이다. 서 교장의 자살로 여론은 전교조에게 불리하게 돌아갔다.

사건 이후 서 교장과 전교조의 통화 내용을 보면 그 선뜩함을 실감할 수 있다. 다음은 서 교장이 전화통화를 하면서 메모한 내용이다. “똑바로 사실대로 말하라!” “그런 이야기는 법정에서나 하라!” “우리가 잠시 후에 방문하겠다” “만약 교장이 관뒀으면 그 여교사는 잘 다니고 있지 않겠나?” “왜 잘 다니고 있는 여교사를 내몰았느냐!” 전교조에 대한 비난이 쏟아지자 전교조는 사건의 실체가 밝혀지기도 전에 일부 언론이 전교조를 진범으로 몰았다고 불평을 쏘아댔다.

보성초등학교는 한 학년이 한 반 뿐인, 전교생을 다 합쳐도 51명이고 교사도 교장까지 포함해 9명밖에 안 되는 소규모 학교다. 전교생이 한 가족이나 다름없는 전형적인 시골학교다. 이 목가풍의 평화로운 시골학교가 전교조의 하이에나 같은 공격에 초토화됐다. 상처는 쉽게 치유되지 않을 것이다. 세 개의 글을 첨부한다. 서 교장의 제자라고 밝힌 30대 후반의 남자와 전교조 충청지부의 교사 그리고 영결식 날의 학교 풍경을 스케치한 신문 기사이다.

# 서승목 교장 선생님을 죽음으로 몰고 간 당신들은 누구인가

저는 서 교장님의 제자입니다. 지금으로부터 25년 전 선생님을 뵈었습니다. 가난하고 힘든 벽지 시골 학교였죠. 참으로 다정다감하고 자상하셨습니다. 청렴하시고 소신 있고… 지금까지 저는 선생님 같은 분이 저의 스승이었다는 걸 자랑으로 생각하며 살아왔었습니다. 선생님은 부모가 없어 도시락 못 싸오는 친구를 위해 도시락을 매일 3개씩 싸오셨습니다. 월사금, 공납금이 밀린 학생들에겐 절대 교실에서 묻지 않았습니다(다른 선생님들은 공개적으로 하죠). 조용히 불러 사정얘기를 듣고 손수 치르신 적도 많았습니다(부모님은 훌륭하신 분이다, 원망하지 말고 기죽지 말라고 등을 어루만지시면서요).

제자들은 한결같이 흠모하는 스승이고 동네 분들, 주변 분들이나 그 분을 아는 분들은 모두 다 버릴게 없는 분이라고 칭송합니다. 진정한 교육자의 표상을 잃어버렸습니다. 원통하고 절통한 마음을 어찌해야 될지를 모르겠습니다. 왜!!! 그렇게 훌륭한 분이 찻잔 어쩌구 하는 더러운 구설에 올라 운명을 달리해야 하셨는지 하늘이 원망스럽습니다.(중략)

그 분은 평생을(벽지에 있을 때 빼고) 부모님께 문안인사 드리고 부모님 집 청소하고 출근하신 분입니다. 예산에서 부모님 계신 신양까지 12km입니다. 인사드리고 또 반대로 24km로 가야 보성초등학교입니다. 매일같이 이처럼 문안 인사를 드렸습니다. 동네에선 서승목 선생 반만 닮으라고들 이를 정도로 효자셨죠. 가감 없이 적은 겁니다. 그리고 전교조 선생님들한테 묻고 싶습니다. 가슴에 손을 얹고 두 눈을 감고 자신에게 물어보세요. 나는 얼마만큼의 참교육을 실행하고 있으며 얼마나 존경받는 스승인가 하고요.

# 나는 이제 전교조에게서 희망을 거둔다

전교조조합원 여러분, 특히 이번 서 교장 선생님에게 서면 사과를 하라고 심장 깊숙이 칼을 꽂은 예산 및 충남의 잘난 교직원 여러분. 당신들은 한사람의 소중한 생명을 갈가리 찢어 죽였습니다. 아니, 하나가 아닌 그 가족과 우리 예산군의 선량한 가장 양심적인 교사들의 마음을 함께 죽였습니다.

나도 오늘까지는 전교조 조합원입니다. 내가 전교조를 후원하고 응원한 것은 당신들이 의로운 일을 하고 있었다고 믿었기 때문이었습니다. 그러나 이번 일로 정말 실망하였습니다. 피켓 들고 나서는 것은 대의(大義)를 위해서만 해야 되는 것입니다. 한 어린 삐뚤어진 성격의 여교사를 부추겨서 생목숨을 끊어놓는데 혈안이 된 당신들을 위해서 나의 마음과 회비를 낸 것이 아니었습니다.

서 교장 선생님은 진모씨의 차 배달 거부가 아니었어도 수업장학을 철저히 하실 분이었습니다. 왜? 그분은 그만큼 원칙을 고수하는 분이시니까요. 그런데 마치 자신이 차배달을 거부해서 미운 감정을 그대로 드러낸 것처럼 말하는 철없는 여교사 아니 교사 자격도 없는 여자의 말을 듣고 그편을 들어주느라 서면사과를 강요하였던 당신들!

(중략)

정당한 일을 하고도 어이없게도 사과를 해야 했던 그분의 억울한 마음을 당신들은 조금도 이해 못하겠지요. 그런 분에게 끝까지 서면사과를 관철시키려고 그렇게 악착을 떨어야했단 말입니까? 저는 여기서 그런 당신들에게 무서움을 느낍니다. 혐오감을 느낍니다. 내가 저런 것을 위해서 나의 마음에서 우러나오는 성원을 보냈단 말인가! 지금 이 순간 엄청난 후회가 밀려옵니다. 고양이도 쥐를 쫓을 땐 한쪽을 열어놓는다고 들었습니다. 그런데 당신들은 한낱 미물인 고양이만도 못합니다. 미안하다고 하는 사람 앞에서 옷까지 벗고 무릎을 꿇으라고 하니 어찌 사람이 견디겠습니까? 오로지 교육에 몸 바친 40년 동안 한 치의 흠도 자신에게 용납하지 않았던 자존심을 이렇게 하루아침에 기어이 무너뜨리고 어찌 그분이 살 수가 있을까요? 이게 당신들이 원한 일입니까? 이게 당신들이 신봉하는 참교육의 근간이란 말입니까? 진정으로 어린이를 위해 애쓰는 일선의 교장을 몰고 몰아 죽음의 길에 내팽개치는 게 당신들의 본업이란 말입니까?

이젠 정신을 차리십시오. 어떤 게 진짜 참교육을 위한 길인지 이젠 자중을 하십시오. 그리고 진짜 이 나라 교육과 교사들의 사기를 위해 일 할 수 있는 노조원이 되십시오. 당신들도 노조원이기 전에 한 인간입니다. 인간으로서 자비심과 양보 사랑을 가지십시오. 그런 무서운 증오심과 이기심으로 어린이들을 위해 참교육을 펼친다고는 말하지 마십시오. 저는 더 이상 당신들의 비인간적인 처사에 동참할 수 없기에 이제 그만 당신들 곁을 떠나고자합니다. 물론 저 하나 떠난다고 여러분들이 앞날에 무슨 큰 타격이 있겠습니까마는 이것만이 저의 조그만 소리 없는 항거입니다.

# 문제의 선생님들이 떠나기 전까지 아이들 맡기고 싶지 않다

충남 예산군 삽교읍 목리 보성초등학교. 전교조와 마찰을 빚던 서승목 교장(57)이 지난 4일 새벽 목숨을 끊은 이후 이 학교는 웃음을 잃어버렸다. 정문에는 '고인의 명복을 빕니다'라는 검은 휘장만이 쓸쓸히 방문객을 맞이하고 있다. 운동장에서 뛰어놀던 아이들의 모습도 서 교장 죽음 이후 사라졌다. 단지 밤새 흘린 눈물 때문인지 눈이 퉁퉁 부은 아이들과 운동장 여기 저기 널려있는 국화꽃잎만 만날 수 있었다. (중략) 1시간 20분가량의 영결식이 끝나고 예산 공설운동장을 거쳐 예산군 신양면 장지로 향하는 운구차를 보내지 않으려는 듯 학생들의 울음소리는 더욱 커졌다.

"예쁜 하늘나라에서 학교 걱정하지 마시고 편안하게 사세요."

5학년생인 백하영 양(11)이 마지막으로 서 교장을 떠나보내며 던진 이 한마디는 서 교장을 잃은 아이들의 슬픔을 대변해줬다. 백양이 얘기해 주는 서 교장은 동네 할아버지 같이 인자한 선생님이었다.

보성초등학교에 다니는 두 자녀를 둔 백운모 씨(38)도 "교장선생님이 자살하기 전까지 겪었던 고통을 생각하면 비통할 뿐"이라며 "3년 넘게 교장선생님을 곁에서 지켜봤지만 한번도 다른 사람에게 예의에 어긋나는 행동을 하는 것을 본적이 없다"고 눈가를 훔쳤다. 더 이상 서 교장을 죽음으로 몰아넣은 선생님들에게 자녀의 인성교육을 맡길 수 없기 때문에 문제의 선생님들이 학교를 떠날 때까지 아이들을 학교에 보내지 않겠다는 말도 덧붙였다.
–매일경제신문

보성초등학교 전교조 교사 2명은 이날 병가를 요구하며 영결식장에 참여하지 않았다.

이상, 대한민국 만세.

명랑
소설
#8

## 초등학교 때 배운 것만 지키고 살아도 인간의 기본은 한다

토너먼트를 통해 올라온 각 학교 문제아가 한자리에 모인다. 이들은 자타 공인 '선수'다. 간 보기는 건너뛰고 바로 액션 들어간다. 어느 놈을 골라 죽어라고 괴롭힐 것인가. 어떻게 괴롭혀야 밤잠을 설친 끝에 유서 집필에 들어갈 것인가. 레이더도 바삐 돌아간다. 방심하다 혹시 내가 타깃이 되진 않았을까, 그렇다면 파운딩(이종격투기에서 상대를 바닥에 펼쳐놓고 냅다 내리 패는 것) 상황에 몰리기 전 어떻게 빠져나올 것인가. 가방에 손도끼는 기본이고 취향에 따라 네일 건이나 자전거 체인이 없으란 법도 없다.

만인에 대한 만인의 투쟁, 정글에서나 벌어질 일이 학교에서 벌어질 판이다. 서울시교육청이 왕따 폭력 가해자들을 따로 모아 별도로 교육(?)하는 '왕따 대안학교' 설립을 추진한다는 소식이다. 정말이지 이 정부의 '헛발질'은 전방위로 안 미치는 곳이 없다. 그 '대안 학교'에서야말로 사상 최악의 왕따 사건이 벌어질 것이라는 쪽에 이 칼럼 한 달 집필 중단을 건다.

북한 겨레군(!)이 함부로 쳐 내려오지 못하는 이유가 남한 중·고등 학생의 언행이 살벌해서라는 농담이 있을 정도로 요즘 아이들은 거칠다. 그리고 그 폭력의 한 갈래에 왕따가 있다. 그러나 현실은 올바로 봐야 한다. 왕따는 뇌세포에 변질이 생긴 병리 현상이 아니라 차라리 그들만의 '문화'에 가깝다. 안타깝지만 그 시기를 통과하는, 나름대로 커가는 과정이란 얘기다. 절대 없어지지 않는다. 그럼 보고만 있자고? 일선 교사들은 두 가지를 조언한다. 먼저 학생들에게는 '척'하지 말라고. 그리고 반드시 친구 하나는 만들어 두라고. 척하지 말라는 얘기는 잘난 척, 있는 척이다.

한편, 친구가 있으면 고민을 토로할 수 있기 때문에 극단의 선택은 피할 수 있단다. 이번에는 어른들에 대한 부탁이다. 자녀가 친구가 있는지 없는지, 있다면 어떤 애들인지만 알아도 조기 수습이 된다. 선생의 역할? 기대하지 말라. 행정 업무에 매진하느라 수업 준비도 못 하는 상황이다. 알아도 늦게 알며 그 전까지는 가해자들이 왕따 행위를 은폐하기 위해 선생의 주의를 딴 데로 돌리는 교묘한 '페이크'까지 구사하기 때문에 궁예의 관심법을 터득하지 않는 한 절대 인지 불가란다.

개인적으로 해법에 한 가지 추가하고 싶은 게 있다. 고운 말 쓰기 운동이다. 말이 거칠면 행동이 따라간다. 이런 말 들어보신 적 있는지. “이게 뻥이면 엠창.” 나중에 뜻을 알고 기절했다. ‘자기 말이 거짓말이면 우리 에미(엄마)가 창녀’라는 뜻이란다. 이런 말을 거리낌 없이 해대는 아이들이라면 무슨 짓을 벌여도 납득이 간다. 이런 경우는 어떨까. “허허, 이런 남근 같은 친구를 보았나. 자네가 요새 안구에 포착되는 피사체가 없어 초상을 간절히 소망하는 것 같은데…” 이런 말을 쓰면서 안면에 발차기를 날리는 인간은 없을 것이다. 말을 정화하면 행동이 예뻐진다.

말은 위에서 아래로 흐른다. ‘나꼼수’를 들었다. 내용은 차치하고 무시로 씨바, 졸라가 추임새로 튀어나왔다. 거슬렸다. 자기가 무슨 시바의 여왕도 아니고. 초등학생이 “리명박 천벌”을 외치면 어른들이 손뼉을 치는 세상이다. 현직 판사가 대통령을 자식 취급하는 세상이다. 막가기로 하면 참 배울 게 많은 세상이다. 그렇게 본을 보이고 아이들이 해맑기를 바란다면 그게 더 초현실주의다. 초등학교 때 배운 것만 지키고 살아도 인간의 기본은 한다. 황폐한 언어가 황폐한 세상을 만든다.

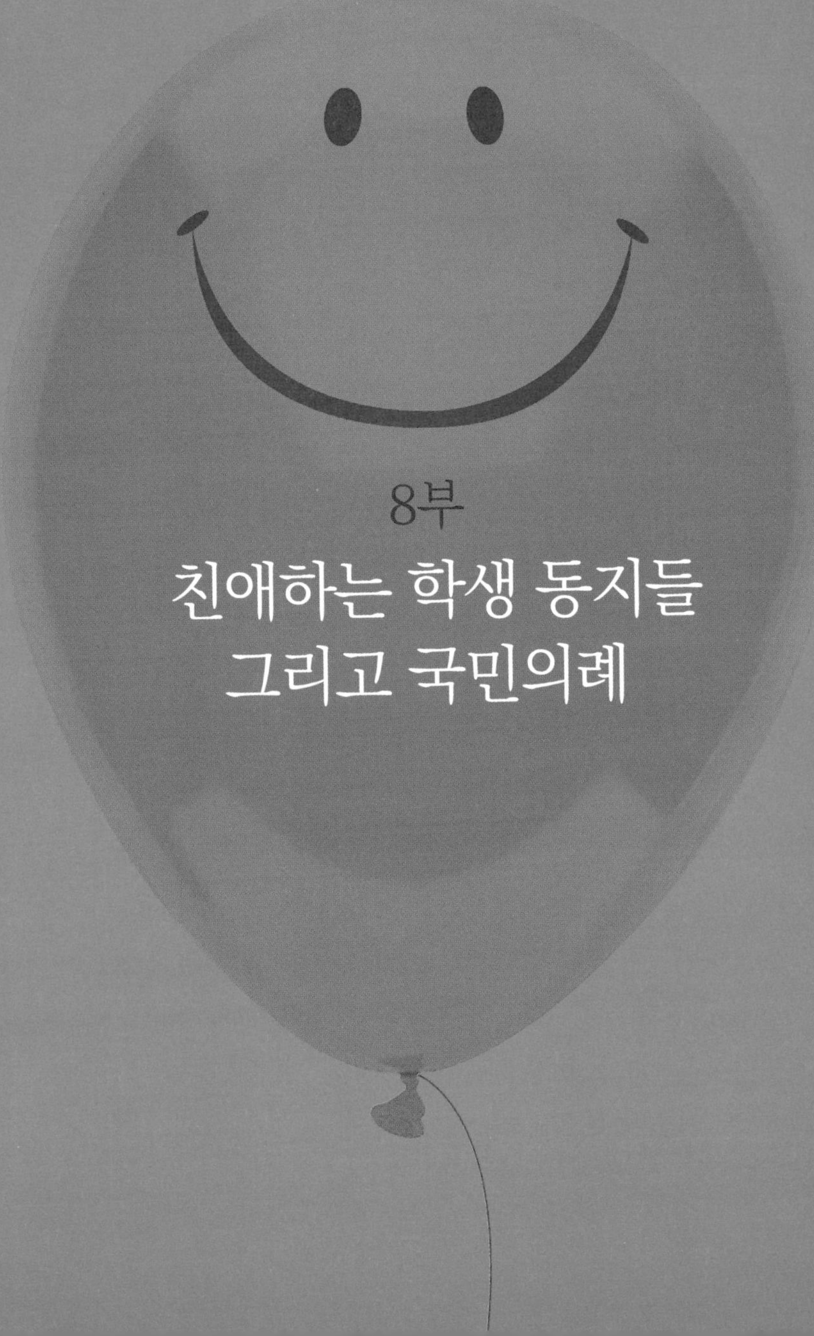

# 8부

# 친애하는 학생 동지들
# 그리고 국민의례

# 애들아,<br>마음에 안 들면<br>갈아엎으면 그만이란다

"이보시오, 학생 동지. 그 동안 비리로 얼룩진 사학재단 치하에서 얼마나 고생이 많으셨소."

"선생님, 동지라뇨. 왜 이러세요?"

"이제 곧 좋은 날이 올 것이오. 동지, 끝까지 선생님들과 힘차게 투쟁하기를 바란다. 이상!"

"아앙, 선생님 무서워요."

졸지에 학생들이 선생님들의 동지가 되었다. 2004년 인천외고는 두 명의 전교조 조합원 교사를 파면했다. 학교 규정을 위반했다는 이유로 여러 번 경고음을 울렸지만 들은 척 만 척한 두 사람에 대한 최후의 조치였다. 파면 당사자들은 농성에 들어갔다. 기다렸다는 듯이 다른 전교조 교사들의 동조 농성이 이어졌다. 최초의 '파면 철회' 구호는 어느 틈엔가 '학교 민주화'로 바뀌었다. 학생들은 학교 측의 전교조 교사 파면에 맞서 수업을 거부했다. 농성 현장에서 사회자는 학생들을 '학생 동지'라고 호칭한다. 전교조 위원장 원영만은 이를 받아 목청 높여 외쳤다. "학생 동지 여러분~" 어느 사회나 틴에이저가 '삘'을 받으면 걷잡을 수가 없는 법이다. 기어이 학생 중에 손가락을 물어 혈서를 쓰는 '열혈동지'가 등장했다. 정말 대단한 선생님들이다.

애들 싸움이 어른 싸움이 된다는 말은 있다. 그러나 어른 싸움이 애들 싸움이 된다는 말은 들어본 적이 없다. 사례가 없어서가 아니라 그래서는 안 되기 때문이다. 층간 소음으로 아래 위층 분쟁이 났다. 아버지들끼리 험악한 말을 주고받다가 한 쪽 아버지가 자기 아이를 보고 말했다. "야, 너는 뭐하고 있어? 빨리 저 윗집 새끼 멱살 잡으란 말이야." 세상에 이런 부모는 없다. 혹시 아이들이 끼어들라치면 '뭐하는 짓이야 당장 집에 안 들어가?' 하는 게 정상이다. 하긴 정신이 제대로 박힌 부모라면 애들 앞에서 싸움질을 벌이지도 않겠지만.

학생들의 마음을 얻는 일은 어렵지 않다. 자기와 타협하면 된다. 인내심 좀 키우면 된다. 잠시 참으면 된다. 귀에 좋은 소리 몇 번 날리고 나는 너희들을 무지하게 이해한단다, 하며 안쓰러운 표정 지으면 된다. 학생 인권 쟁취니 두발, 복장 자유화니, 시험 폐지니 같은 거 떠들어대면 바로 인기 있고 개념 있는 선생으로 등극한다. 학생들을 이해하고 학생들 입장에서 사고하는, '우리 편' 되는 인기 몰이 금방이라는 말씀이다. 그러나 대부분의 선생님들이 그러지 않는 이유는 다른 게 아니다. 바로 학생들을 위해서다. 원하는 것을 모두 받아주는 것은 사랑이 아니다. 원하지만 절제해야 하는 법을 가르쳐야 올바르게 성장할 수 있다. 가질 수 없는 것을 달라고 난리칠 때 사람은 원하는 것을 다 가지고 살 수 없다고 가르쳐야 그 아이가 욕망을 다스리는 법을 배운다. 그대로 방치하면? 세상이 내 말을 들어주지 않았다고, 내 욕구를 묵살했다고 시력 0.1 짜리 인간이 소주 두 병 마시고 안경을 벗은 후 차를 몰고 인도로 돌진하는 일이 벌어진다. 그리고 학생에게 선생이 동지라니. 동지란 뜻을 같이 하는 사람이다. 제대로 사고하고, 나름 판단하고, 책임 있게 결정하고 뭐 이런 것들이 수반되는 행위의 총합이다. 뜻만 같다고 동지는 아니다. 뜻을 같이 해도 그것이 다각적인 사고에서 나온 것이 아니라면? 동지 아니다. 판단력이 흐리거나 미숙하면? 동지 아니다. 뜻을 같이해도 책임질 능력이 없다면? 동지 아니다. 아니 동지로 삼아서는 안 된다.

전교조 제50차 전국대의원대회자료집을 보면 공립 중, 고교에서 전교조 교사가 없는 학교는 거의 없었다. 전교조 교사가 하나도 없는 대부분의 학교는 사립학교였다. 당연히 다음 목표는 사립학교가 된다. 그런데 이건 공립학교만큼 쉽지 않다. 사립학교법(이하 사학법)이란 게 버티고 있기 때문이다. 사학법의 핵심은 개방형 이사제다. 학교법인 이사 중 몇 명을 교사회, 학부모회, 학생회 등이 참여하는 사학구성원 단체가 추천한 사람으로 선임해 달라는 것이 전교조의 주장이다. 개방형 이사의 숫자는 중요하지 않다. 한 사람이라도 학교 운영에 이의를 제기하면 이사회는 무력화된다. 그럼 교육청에서 관선이사를 파견한다. 물론 교육청도 전교조 고급 인력들이 잡고 있는 곳이 많으므로 어떤 인물이 파견될지는 안 봐도 뻔하다. 그래서 분규가 발생하면 전교조는 인천 외고처럼 평소 아끼고 사랑하던 학생 동지들을 대거 동원하여 시위를 벌일 것이다. 학생인권조례에 등장하는 '집회 허용'의 진짜 목적이 무엇인지 짐작이 가실 것이다. 이후의 절차는 학교 접수다. '참교육'의 깃발이 휘날린다. 그리고 본격적인 친북, 반미, 반국가 교육이 활발하게 전개된다.

대한민국은 교육의 산물이다. 부모의 허리가 휘고 논밭이 날아가고 누렁이가 팔려가는 상황에서 학생들은 공부를 했다. 이 중 사립학교의 역할은 크고 또 크다. 박은식은 대한매일신보 사설에서 이렇게 적었다. "국세가 다 기울었다고 하나 교육 하나만 흥황하게 되면 국맥을 되찾을 수 있을 것이며 땅에 떨어진 국권을 회복할 수 있다." 한일 병합 후 교육과 구국 운동은 맞물려 돌아갔다. 1908년 조선총독부에서 간행한 '조선의 보호 및 병합'을 보면 사립학교 수는 경성에만 100군데, 전국 5,000개에 학생 수는 20만 명에 달했다. 기겁한 일제가 사립학교령으로 이를 짓눌렀지만 1910년 학부대신의 인가를 받은 사립학교는 무려 2,250개나 되었다. 부모와 학생들은 사립학교를 사랑했다. 공립은 정부를 위한 것이요 사립은 민중의 이익을 위한 학교라는 생각이 보편적이었다. 사립의 대부분은 애국지사들과 지방 유지들이 설립한 것이었다. 대한민국이 가장 어려웠을 때 자신의 재산을 교육에 바쳐 발전의 기초를 삼은 것이 사립의 출발이다. 6·25 김일성 전쟁 후에도 사립의 역할은 지대했다. 그렇게 끌어온 역사다. 분명 문제 있는 사학도 있다. 그러나 완전한 선(善) 같은 건 없다. 운영을 놓고 배놔라 감놔라 하는 것은 올바른 발상이 아니다. 어차피 사립도 경쟁 속에서 스스로의 정체성과 존립을 확보해 나가야 하는 존재이다. 싫으면 떠나면 되고 학생들조차 외면하면 바로 문 닫을 수밖에 없다. 다 떠나서 엄연한 사유재산을 탈취하려는 행위는 자본주의를 근간으로 하는 대한민국에서는 있어서는 안 되는 사회주의 또는 공산주의 이데올로기적인 발상이다.

전교조는 학생들에게 '학생 동지'라는 타이틀을 붙여 주었다. 이왕 그리된 거 시위 때만 동지 취급하지 말고 교실에서 그러길 바란다. 다음은 시간이 흐른 후의 인천외고 수업 시간을 가상으로 그려 본 것이다.

"선생 동지, 내용이 잘 이해가 안 됩니다. 좀 자세히 설명해주시면 안됩니까?"

"학생 동지, 그건 자네가 예습을 안 해 와서 그런 거야. 대체 학원에서는 뭘 배우고 온 거야."

"선생 동지, 그럼 대체 학교에서 선생이 하는 일이 뭡니까?"

"이 자식이, 듣자 듣자하니까. 어디서 감히 선생님한테 동지 타령이얏!"

이런 게 부메랑이다. 돌아온다. 더 속도를 얻어 더 파괴력을 가지고. 오늘은 좋았지만 내일은 독이 될 것이라는 사실을 모르는 딱한 사람들이다.

# 전교조가 있어 너무 다행이에요

학생운동에 대해 잘 못 알려진 게 하나 있다. 일단 의식화 교육을 시킨 다음에 시위 현장으로 내몬다는 얘기다. 반대다. 시위를 먼저 시킨다. 시위를 마치고 열기가 식기 전에 적들에 대해 알아야 하니까 공부를 해야겠지 하며 책을 건넨다. 책을 받으면 지식이 아니라 분노를 배운다. 세상에 대한 분노, 가진 자들에 대한 분노, 역사를 거슬러 올라가 친일 세력에 대한 분노 등등 섭취할 분노는 지천에 널려있다. 그러나 분노는 기초 동력은 될 수 있지만 그것으로 지속적인 운동을 끌어가기는 어렵다. 인간이란 기본적으로 사회적인 동물이고 무리를 떠나서는 그 고립감으로 견디지를 버티기가 어렵다. 함께 라면에 소주 마시면서 골방 세미나를 하고 가두 투쟁을 반복하는 동안 주변은 온통 운동과 관계된 것으로 채워진다. 운동권 동료, 운동권 선배, 운동권 후배 모두가 다 체육인(?)이다. 술집에 가도 운동권 선배가 운영하는 주점, 책을 사러가도 운동권 선배나 동료가 운영하는 서점, 주말에는 운동권 선배의 결혼식. 운동권에 들어가서 3학년 쯤 되면 주위 인간관계는 오로지 운동권뿐이다. 운동 안 하는 사람들과는 대화도 잘 안통하고 새로운 관계를 시작할 자신도 없다.

이때가 운동에 가장 회의를 느낄 시기이다. 문제는 고민을 토로할 주변 인물이 없다는 것이다. 그래서 상명하달식의 운동권 조직 생리와 고개를 갸우뚱하게 되는 난폭한 운동 이론 등에 의심이나 반발이 생겨도 눌러 참게 된다. 자기 생각을 감춘다. 이견이 있어도 입을 다문다. 모든 것을 공유하는 사이인 것 같지만 실은 동료가 대체 무슨 생각을 하는지 알 수가 없다. 사적인 '토크'가 전혀 안 이루어지기 때문이다. 혹시나 해서 평소 조직에 비판적인 친구에게 한마디 건넸다가 이 친구의 표정이 '쌔~하게' 변하면 잠이 안 온다. 해서는 안 될 말을 한 것은 아닐까. 한번 말실수를 하면 복구가 안 된다. 게다가 슬슬 후배들도 생기고 흔들리는 모습을 보여서는 안 된다. 자칫 회의하는 모습을 보여 변절자니 배신자니 하는 소리를 듣게 되면 그 날로 주변의 인간관계가 한순간에 날아간다. 이러다보면 운동 외의 다른 삶을 선택하는 것은 차츰 어려워진다. 실은 두렵다. 이제는 운동이 목표이기보다 삶과 세계 그 자체가 된 것이다.

과감한 전향은 용감한 사람들의 몫이다. 실은 전향이란 말은 적당치 않다. 20대 초반에 친정부, 친자본주의적인 발상을 하는 인간이 있다면 그게 더 이상하다. 사회주의, 공산주의 유토피아를 꿈꾸는 건 지극히 정상적인 성장 과정이다. 그리고 거기서 깨는 것도 필수다.

역사상 가장 많이 팔린 책이 성경과 '다스 카피탈(자본)'이다. 둘의 차이는 전자는 읽은 사람은 별로 없는데 그 내용은 참 많이 알고 있는 것이고 후자는 읽은 사람은 많은데 그게 대체 무슨 내용인지는 아는 사람이 별로 없다는 것이다. 왜 그럴까. '자본'은 단순히 경제학 서적이 아니다. 딱딱한 경제학 서적이 그토록 오랜 시간 동안 많은 사람들에게 인기를 얻을 수는 없다. 인류의 절반이 직업 운동가가 아니라면 절대 불가능하다. '자본'은 어떤 면에서는 경제를 소재로 쓴 유토피아 문학이다. 그래서 불멸의 작품이다. 문학을 과학으로 이해하려고 드니 어려운 것이다. 서유럽 사상에서 유토피아의 역사는 플라톤의 '국가'에 나오는 이상국으로 거슬러 올라간다. 그리고 토마스 모어의 '유토피아'와 캄파넬라의 '태양의 나라', 베이컨의 '뉴아틀란티스'로 이어진다. 토마스 모어의 '유토피아'를 과학으로 전제하고 읽는 사람은 없다. 그런데 왜 '자본'은 오로지, 죽어라 과학으로 이해하려는 것일까. 수학자들이 보면 산수에 불과한 몇 개의 수식과 도표로 완성된 책을 가지고 말이다. 과도한 욕심이다.

마르크스의 과오라면 '인간'을 너무 몰랐다는 것이다. 하긴 평생 그토록 애정을 보인 프롤레타리아도 실제로 본 것은 집에서 일하는 하녀 정도였으니 마르크스에게 인간은 그저 어딘가에 존재하는 '관념'이었을 것이다. 그는 인간이 '경제'에 종속되어 설명되기에는 지나치게 복잡하고 심연이 깊은 존재라는 것을 전혀 고려하지 않았다. 가령 이기심, 욕망 이런 것을 꼼꼼히 살핀 기록이 없다. 경제학은 결국 일종의 심리학 아니겠습니까, 묻는다면 버럭 화를 낼 것이다. 마르크스와 그의 후원자였던 엥겔스는 '사회적 존재가 사회적 의식을 결정한다'는 역사 철학을 제시했다. 누구나 자기가 처한 상황 수준 이상의 사고나 행동이 어렵다는 이론이다. 그러나 그들의 유물론에도 불구하고 막상 그 두 사람은 부르주아였다. 부르주아의 머릿속에서 노동자 의식과 사회주의 경제의 청사진이 나온 것이다. 이것은 그들의 철학과 정면으로 배치된다. 공부가 짧아서 그렇겠지만 아직 그에 대한 정확한 설명이나 답을 본 적이 없다. 말이 돌았다, 그러니까 전향이라는 사뭇 비하적인 말보다는 삶의 보편적인 궤적이라는 표현이 적당하다. 전향자는 특별한 사람이 아니라 매우 지극히 정상적으로 인생을 살아온 사람이다. 스스로 간 자는 스스로 발길을 돌린다. 용감과 비겁은 진실을 마주하는 순간 갈린다.

그런데 운동에 질질 끌려 다닌 사람들은 전향이 잘 안 된다. 애초부터 자기 철학을 확립하지 못했으니 스스로 정리가 어렵다. 전향을 하려면 정리라는 걸 해야 한다. 새로운 사고에 눈을 뜨고 한 단계 높아진 시선으로 세상을 바라봐야 한다. 성경의 바울도 그랬다. 어려서 한 것을 다 잊었노라. 바울은 변절자인가. 바울은 성숙해진 사람이다. 정리를 하려면 공부도 필요하다. 죽어라 읽었던 레닌을 버리고 하이에크도 읽어야 한다. 반동, 부르주아 사상이라 밀쳐두었던 고전 통독은 필수다. 그런데 시간도 없고 귀찮고 무엇보다 머리가 안 된다. 골방에서 선배들에게 사교육(!)을 받아 성장한 두뇌라 혼자서는 아무 것도 못한다. 현실이 변한 것은 알겠는데 수용하자니 면이 팔린다. 이성적으로는 불편하더라도 차라리 옛것을 지키며 사는 것이 정서적으로 편하다. 그리고 주변에 대부분 그런 사람들이다. 관성의 법칙이다. 한번 빗나간 것은 끝까지 빗나간다는 끔찍한 법칙이다. 그런데 문제는 먹고는 살아야 한다는 것이다. 그래서 시민운동 단체로 가고 각종 NGO로 간다. 그곳에는 이데올로기와 생활이 공존할 수 있는 포근함이 있다. 특히 조건이 좋은 경우는 사대나 교대 등 교사와 관련된 쪽에 적을 두고 있는 사람들이다. 전교조가 어서 와서 안겨, 양 팔을 벌리고 있는 것이다.

전교조는 대략 4개 정도의 그룹으로 나눠볼 수 있다. 하나는 식민지 시대 '교육노동자 조합'에서 출발, 미군정기의 '조선교육자협회'를 거쳐 4·19 당시 '교원노동조합'으로 이어지는 뿌리 깊은 혁명 운동 세력이고 둘은 1989년 전교조 결성 당시 그 막후에서 사태를 진전시킨 남한 사회주의 운동 세력 그리고 셋은 전대협, 한총련에서 노동, 농민, 빈민 운동 등 사회운동으로 전환하는 이들을 교육시킨 '투신(投身)팀' 출신자 그룹이다. 투신팀이 바로 위에서 길고 지루하게 설명한 바로 그들이다. 당시 주사파 운동권은 교사로 임용될 교대와 사대 출신들을 모아 사상 교육을 시켜 조직적으로 예비 좌익 교사들을 양산했다. 반미, 종북 교육이 광범위하게 펼쳐진 것은 그들이 주사파의 아이들이기 때문이다. 나머지 한 그룹은 다음 다음 장 '진정 난 몰랐었네'에서 자세히 설명하겠다.

이들은 여전히 사회에 불만이 많다. 불만 없이 세상을 살아갈 수 있는 사람이 얼마나 될까. 사는 일은 절대 만만치 않다. 문제는 이들이 그런 불만을 다 사회 탓으로 돌리면서 대한민국이라는 나라가 처음부터 단추가 엇나갔기 때문이라고 생각한다는 것이다. 뚜렷한 적이 있으면 사고가 편하기 때문이다. 이분법 사고는 인간을 편리하게 만든다. 하나를 선택하면 다른 쪽에 대해서는 저주나 욕설을 마음껏 퍼부을 수 있어서 좋다. 여하튼 그들에게 모든 나쁜 것은 전부 '그들 탓'이다. 미국이고 미국의 식민지 정권이고 그와 관련된 사돈의 팔촌이다. 이걸 홧병처럼 아이들에게 가르치며 해소한다. 애들도 불만과 부정적인 사고로 똘똘 뭉쳐 성장하기를 바란다. 관성은 세대를 넘어 이어진다. 아이들은 어둡고 빨갛게 자란다.

# 대체 국민의례는 왜 기를 쓰고 거부하는 것일까?

민노당 시절부터 지금의 통합진보당까지 여기 소속원들은 애국가와 국기에 대한 경례를 삼간다. 대신 민중의례라는 자신들만의 방식으로 이를 대체한다. 자체 행사니까 내버려 두고 싶다. 용인이 아니라 귀찮아서다. 그런데 국회에서는 그러면 안 된다. 통진당 이석기, 김재연 의원의 애국가 부르는 장면이 한동안 화제였다. 둘을 국회 본회의장에 똑같이 지각해서 국기에 대한 경례 부분을 자체 생략했다. 둘 다 안하면 국민정서와 충돌하니까 차선책을 쓴 것 같다. 그런데 입모양을 보면 김재연은 그럭저럭 따라 부르는데 이석기는 뭐라고 하는지 모르게 우물우물한다는 지적이다. 전문가가 아니니 알 수 없지만 투쟁도 예의를 지켜가며 해야 하는 법이다. 그런데 대체 국민의례는 왜 그렇게 사생결단하고 반대하는 것일까. 물론 조국이 따로 있으니 그럴 것이기는 하지만 학교에서 펼쳐지는 전교조의 교육 내용을 보면 이게 나름대로 꽤 논리적이다. 타당하다는 게 아니라 사전 준비 꼼꼼히 한 행동이고 논리적 기반도 마련해두었다는 사실이다. 국민의례는 친일 문제에서 끄집어 낸 전교조 고뇌의 산물이다.

> 미군정에 의해 과거 친일 식민지 노예교육을 실시하던 교육 관료와 학교장들은 학교에 남아 친일 교육에 앞장섰던 것 이상으로 친미 사대주의 교육에 앞장섰다.
>
> -시대를 읽는 교육사, 전교조 전통일위원장 박미자, 2008

> 우리가 친일잔재와 식민지 잔재를 청산해야 하며 중화주의, 친일잔재, 숭미주의는 우리 민족의 자기 정체성에 방해되는 요소이기 때문에 강대국에 의해 강요되고 사대주의자에 의해 이식된 왜곡된 요소를 청산해야 한다.
>
> -근대화 과정에서 외세와 우리 민족의 대응, 전교조 홈페이지 참교육연구소 사이트, 2005. 6. 14

전교조는 친미 이상으로 친일에 대해 감정적인 반응을 보인다. 대한민국은 친일이 득세한 역사이기 때문에. 그래서 이렇게 전개된다.

애국조회는 인간을 비인간화하고 비주체적으로 만들고 노예형 인간을 길러낸다. 조회를 없애는 것은 식민지 잔재 청산이자 학생과 교사의 인권을 보호하는 것이다.

–전교조 청주초등지회 참교육실천 발표회, 2002

이러면서 전교조는 청주 청남초등학교에서 정기 애국조회를 없앤 사실을 모범 사례로 제시하고 있다. 2010년 참교육실천대회에서 조모 교사(인천 남동중)는 '일제잔재 바로잡기' 명목으로 "애국조회, 두발규정, 거수경례, 액자 속의 태극기 등을 일제의 잔재로 조사했다"고 밝혔다. 제3회 참교육실천대회 통일교육분과 자료집(2004. 1)에서는 이미 태극기와 애국가에 대한 경례가 "독재자에게 조건반사적으로 복종하게 만드는 의례"라고 주장한 바 있다. 그 어떤 사람에게도 동의를 얻지 못할 미망에 사로잡힌 주장이니 특별히 반박할 필요조차 느끼지 못한다. 답답, 한심, 짜증, 절망, 신경질 뭐 그런 단어가 줄줄이 떠오른다.

2006년 전교조 교사 이모씨는 학교교육위원회와 학교 조회 때 국기에 대한 경례를 거부하여 경기도 교육청으로부터 징계를 받은 기록이 있다. 2006년 '교육희망'에 실린 이모 교사는 삭발을 하고 해맑게 웃고 있다. 그 웃음의 의미를 짐작하지 못하겠다. 투사(鬪士)와 보통 사람의 차이일까.

이 건에 관한 한 전교조의 의지는 강렬하다. 2007년 6월 11일 청소년 인권활동가 네트워크 및 민노당 등 88개 단체와 함께 '국기에 대한 맹세와 경례를 반대하는 인권, 사회단체'에 참여한 전교조는 "양심을 획일화하고 맹목적 충성을 강요하는 국기에 대한 맹세와 경례를 폐지하라. 국기에 대한 맹세와 경례가 폐지되는 그날까지 싸울 것"(동 대회 공동 성명서 중) 이라며 결사항전의 의지를 밝혔다.

국기는 프랑스 혁명의 산물이다. 1789년 바스티유 감옥을 습격하고 난 다음날인 7월 15일 국민군 총사령관으로 임명된 라파예트는 시민들에게 모자를 나눠줬는데 이 모자의 표지 색깔에서부터 유래되었다는 설이 가장 유력하다. 국가에서 공식적으로 지정한 것은 스페인인데 1785년 카를로스 3세의 명에 의해 군함용 기로 쓰였고 1843년 이사벨 2세의 명에 따라 군기로 쓰이고 난 뒤 1878년 스페인 헌법 제4조에 의거하여 공식적으로 제정되었다. 그렇다면 단지 상징일 뿐인가. 6·25 김일성 침략전쟁 당시 90일 만에 수도를 탈환한 한미해병대는 중앙청에 태극기를 꽂았다. 그 사진은 눈물겹다. 기습 공격에 석 달 내내 내몰리면서 죽어간 호국 전사들의 영혼들이 태극기와 같이 하기 때문이다. 국군은 죽어서 말한다? 아니다. 국군은 태극기로 말한다.

사족 하나 단다. 전교조는 북한이 '완전하고 복구 불가능한' 친일청산을 달성했다고 찬양한다. 과연 그럴까. 북한의 대표적인 역사서인 '조선전사'를 보면 "김일성 동지께서 지난 날 공부나 좀 하고 일제 기관에 복무하였다고 하여 오랜 인텔리들을 의심하거나 멀리하는 그릇된 경향을 비판 폭로하면서(중략) 그들을 새 조국 건설의 보람찬 길에 세워주시었다" 고 기록하고 있다 과연 그 말대로 김일성은 일제시대 광산 지배인을 지낸 친일파 정준택을 북한 최초의 중앙행정기관인 행정 10국의 산업 국장으로 임명했다. 만주에서 검사장을 하던 친일파 한낙규는 나중에 김일성대학 교수가 되었다. 일본 제국군 파일럿으로 유명한 친일파 이활은 인민군 사령관에 올랐다. 여기까지만 하자. 뭔 말씀 드리려고 하는지는 충분히 아셨을 테니까.

이상, 대한민국 만세.

# 진정 난 몰랐었네?<br>그건 변명이 안된답니다

'지난 해 연말 서울 서초구 한국교총 사무실에 팩스가 한 장 날아들었다. 발신인은 교직 경력 5년차인 중학교 남자 교사인 A씨. A씨는 "지금까지 어떤 교원 단체에도 가입하지 않았다. 그런데 이제 '보험' 드는 셈치고 교총에 가입하겠다"고 했다. A 교사는 옆 학교 여교사 사건을 지켜본 후 교총에 가입하기로 마음을 굳혔다고 했다. 그 여교사는 문제 학생을 지도했다가 학부모들로부터 집단 항의를 받았다. 학부모들은 담임 교체를 요구했고, 교육청에 민원까지 넣었다. 이때 여교사는 한국교총에 도움을 요청했다. 교총은 학교에 나가 진상조사를 하고, 교육청 측에 조사 내용을 건네며 "공정하게 감사하라"는 의견도 전달했다. A 교사는 여교사가 교총에서 도움을 받는 것을 보고 자기도 교총에 가입하게 된 것이라고 밝혔다.'

최근 한 일간지에 실린 기사다. 학생인권조례니 뭐니 해서 교권이 바닥을 치자 방패막이로 교총 가입을 선택한 것이다. 교총의 현재 회원은 17만 5,000명. 이 중 무려 5,076명이 올해 상반기에 가입한 숫자다. 지난해 같은 기간(1,667명)의 3배에 달한다. 이유는 A 교사가 밝힌 그대로다. 교사가 학생이나 학부모로부터 폭행이나 욕설을 듣는 등 교권(敎權)을 침해당하고 학교 폭력 사건으로 검찰에 기소되는 사건이 발생하자 불안감을 느낀 교사들 사이에 교원단체의 도움을 받으려는 심리가 형성됐기 때문이라는 분석이다. 재미있는 건 A 교사가 전교조 대신 교총을 선택했다는 사실이다. 1999년 합법화 된 후 개정한 전교조 규약 제2장 조합원 제9조를 보면 참 매력적이다. 조합원의 신분 보장에 대한 내용인 제9조는 '조합원이 조합 활동을 하거나 조합의 의결기관이 결의한 사항을 준수하다 신분 또는 재산상의 피해를 입은 때에는 규정이 정하는 바에 따라 조합원 신분을 보장하고 조합원 또는 그의 가족을 구제한다'고 되어 있다. 그러나 그럼에도 불구하고 A 교사가 전교조를 기피한 것은 그동안 전교조가 쌓아올린 악명 때문이라는 설명이 가능하다. 2006년을 정점으로 전교조 숫자가 감소한 것이 그 반증이다. 둘 다 싫지만 차선이었을 것이다. 아니 차악인가?

이 책을 준비하기 위해 만난 대부분의 교사는 전교조의 반민족, 반미, 종북 활약에 대해 금시초문이라는 반응이었다. 현재 전교조 가입 교사도 비슷한 반응을 보였다. 프린트한 반미, 종북 교육

사례를 보여주면 기겁을 한다. 그러면 탈퇴하시는 게 옳지 않겠냐고 했더니 얼굴 아는 처지에 굳이 탈퇴라는 걸 하기가 좀 껄끄럽단다. 회비는 얼마나 되냐고 하니까 2만원 내외라는 대답이다. 그러면서 정확한 용도는 모르지만 좋은 일에 쓰지 않겠느냐는 생각으로 납부한다고 했다. 이렇게 납부한 회비가 월 17억 원, 일 년에 거의 200억 원이다. 운영비가 200억 원이나 되는 노동조합이라. 대단한 자금력이다. 그 정도 조합원에 그 정도 1년 회비라면 노동조합이라기보다 거의 정당 수준이다. 이참에 전교노동당으로 확대 발전시키는 건 어떠신지.

전교조의 3망 교사들이 1차 문제라면 2차 문제는 대략 전체 조합원의 60% 쯤을 차지하는 참교육에 속은 분, 지인 때문에 어쩔 수 없이 가입한 분, 정체를 알았지만 활동만 안하면 되지 이기적으로 생각하시는 분이다. 이들은 첫째로는 인원수를 내세워 전교조를 방위하는 역할에 동원된다. 국민들로 하여금 8~9만 명이나 된다는 데 설마 그런 이상한 단체겠어? 하는 생각을 하게 만든다. 둘째는 회비다. 200억 원은 결코 적은 돈이 아니다. 그 정도 재원이면 한국 교육 현장을 얼마든지 초토화시킬 수 있는 자금력이다. 이 분들이 전교조를 나와주시면 어떻게 될까.

일단 단체가 홀쭉해진다. 1~2만 명 정도의 숫자라면 현실적으로 힘을 발휘하기 힘들다. 그리고 그렇게 졸아드는 경향이라면 몇 년내로 만 명 이내의 소수 집단으로 전락한다. 힘 발휘 못한다. 정치적 영향력 행사 안 된다. 당연히 정치권에서도 찬밥이 된다. 이제라도 나와 주시는 게 교육과 아이들을 위해 올바른 행동이다. 다행히 좋은 교사 모임 등 교총도 전교조도 아닌 제 3의 전국적인 조직들이 하나 둘씩 늘어나고 있다. 전교조 안에서 개혁을 한다? 발상만 좋다. 썩은 가지는 잘라내면 된다. 뿌리가 썩은 나무는 뽑아내야 한다. 썩은 뿌리에서 올바른 가지가 나올 리도 없지만 나왔다면 그건 가짜다. 몰랐어요, 활동만 안하면 되죠 이런 변명 하시면 안 된다.  전교조, 가담 자체가 죄악이다.

이상, 대한민국 완전 만세!

명랑 소설 #9

# 위장 전입으로 정당까지 접수한 '닥치고 이념'

조기 축구회에 낯선 얼굴이 보입니다. 새로 이사 온 사람이라 소개하기에 그런가보다 했는데 이 선수 '뽈' 만지는 동작이 예사롭지 않네요. 아니나 다를까 공이 발에 닿는 순간 TV에서나 보던 빨랫줄 킥이 뻗어 나옵니다. 우와~ 하는 탄성도 잠깐, 바로 의혹이 불거집니다. 알고 보니 상대 팀이 열세를 만회하려고 '수입'한 선수였습니다. 손수건을 이마에 동여맸습니다. 동네 축구에 위장 전입이 웬말이냐 각성하라, 했더니 친구의 친구이니 결국 동네 사람 아니냐는 해괴한 논리가 튀어나옵니다. 결국 퇴출로 결말이 났지만 이후 상대팀은 신규 선수가 들어올 때마다 실거주자 확인증을 내는 수모를 겪어야만 했습니다. 동네 축구에도 이 정도 룰은 있습니다.

2001년도 일입니다. 민노당 용산 지구당 당직자들은 지구당 선거를 앞두고 화들짝 놀랐습니다. 당원이 갑자기 늘어난 겁니다. 그런데 신규 가입이 아니라 전부 전입이었습니다. 살기 좋은 동네이니 뭐 그럴 수도 있겠지요. 문제는 전입자 수십 명이 전부 한집으로 전입신고를 했다는 사실입니다. '거마대학생'의 원조인 '용산 당원'이 탄생하는 순간입니다. 개그콘서트의 '풀 하우스' 아이디어도 여기서 나왔을지 모르겠네요. 결국 투표에서 머릿수를 앞세운 전입자들은 용산 지구당을 장악했습니다. 극성맞은 이분들이 흔히 자주파라고 불리는 '전국 모임'인데 통합진보당 이정희 대표의 배후로 주목받은 경기동부연합(이하 경동)은 이 '전국 모임'의 최대 주주라고 합니다. 지구당 장악이 민노당 접수로 이어진 건 물론입니다.

남한에는 전통적으로 혁명 노선 두 개가 있습니다. '케이알파(派)'와 '러알파(派)'입니다. '알'은 revolution의 이니셜이니 풀어 쓰면 한국형 혁명 노선과 러시아형 혁명 노선쯤 되겠네요. 러알파는 혁명의 청사진을 정통 사회주의 운동에서 가져옵니다. 따라서 기본 대립 구도는 '자본가 vs 노동자'입니다. 케이알파는 분단 상황인 한국적 특수성을 강조합니다. 그래서 '제국주의 vs 민족 해방' 논리가 등장합니다. '양키는 조국 땅에서 나가주세요'가 슬로건인 것도 그런 이유겠습니다. 애초에 '전국 모임'은 남한에서 정당 건설하는 데 별 관심이 없었습니다. 북쪽에 '본점'이 있는데 뭣하러. 그런데 러알파 계보인 민노당이 의외로 선전하자 소 닭 보던 시선에 변화가 생깁니다. 그래서 궁리 끝에 위장 전입이란 독창적인 기획으로 민노당 기존 세력을 밀어낸 것이죠. 위장 전입이 불법이라는 고민은 없었을까. 글쎄요 이분들은 '닥치고 이념'이라서 그런 사소한 도덕은 건너뛰시는 걸로 알고 있습니다.

자주파의 핵심인 '경동'의 존재가 세상에 알려지면서 2001년 9월 충북에서 모여 결의했다는 '군자산의 약속'까지 화제가 되고 있습니다. 10년 내에 광범위한 민족민주전선 정당을 건설해 자주적 민주 정부를 수립하여 연방 통일 조국을 건설하자는 것이 요지랍니다. 자주적 민주 정부, 연방 통일 조국, 듣는 것만으로도 숨이 턱 막힙니다. 인생은 참으로 가벼운데 이분들의 이념은 납처럼 무겁기만 합니다. 실은 '경동'이라는 이름을 들었을 때 처음 떠오른 건 생뚱맞지만 보일러였습니다. 경동 보일러, 거꾸로 타는 보일러. 이분들의 열정도 혹시 그런 것이 아닌지 답답합니다. 방향성 없이 불길이 헛것을 데우는 혹은 그나마 데우지도 못하고 처연하게 소진해가는.

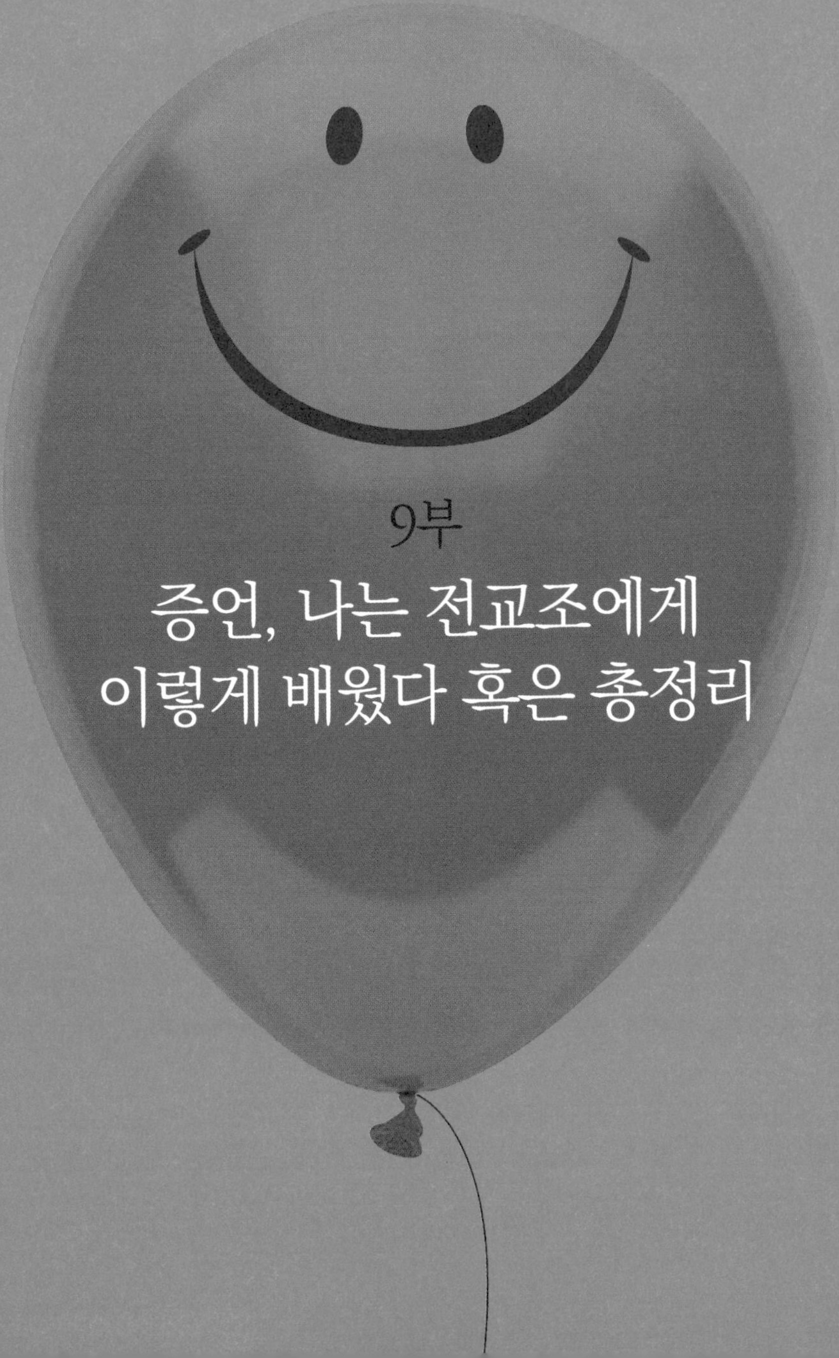

# 9부

# 증언, 나는 전교조에게 이렇게 배웠다 혹은 총정리

일선(?) 학생들의 생각을 좀 담고 싶었다. 인터넷도 검색하고 '전교조에게 빼앗긴 학창시절'이나 '전교조 없는 세상에 살고 싶다' '전교조에 고(告)함' 등 책자도 들춰봤지만 딱히 마음에 드는 글이 없었다. 너무 감정적이거나 단편적이거나 짧거나 혹은 오문과 비문이 극심하여 윤색하자니 뉘앙스가 안 살고 그대로 싣자니 난처한 경험담뿐이었다. 다행히 적당한 글을 찾았다. 옮긴다. 분량이 길어 조금 줄인 것을 빼면 올린 사람의 글 그대로다.

한 개인의 경험을 너무 일반화 하는 것 아니냐는 지적에 대해서는 이렇게 대답하고 싶다. 4·19세대니 긴조(긴급조치) 세대니 386세대니 이해찬 세대니 그 시기를 살았다고 도매금을 넘겨버리는 경우가 있다. 시대라는 건 인간과 상호작용을 주고받으며 서로 영향을 미친다. 분명 그 시대를 보낸 세대의 특질이란 게 존재한다. 이 학생의 기록은 그 시기를 함께 보낸 아이들의 기억과 크게 다르지 않을 것이다. 별로 선의를 가지고 쓴 글 같지는 않다. 하긴 나라도 그런 경험을 했다면 좋은 소리는 안했을 것 같다. 그래도 이 학생은 대체로 덜 감정적이고 노력이나마 객관적이다. 이 글을 선정하여 수록한 이유다. 중간 중간 소생의 의견이나 해설을 달았다. 일종의 코멘터리로 보시면 되겠다.

# 전교조 없는 세상에서 살고 싶어요

'전교조와의 만남은 초등학교 6학년 때부터 시작됐다. 우연히 교무실에 들렀는데, 담임선생님 앞으로 편지가 왔다. 담임선생님 이름 앞에는 '전국교직원노동조합 X초등학교 분회장'이라는 문구가 적혀 있었다. 어린 시절 '회장'이라는 단어가 들어가면 좋은 줄 알고 학우들과 함께 선생님께 편지를 갖다 드리며, "우와 선생님 회장이세요? 대단한데요!"라고 학우들과 떠든 기억이 10년이 흘렀는데도 또렷하게 기억이 난다. 추운 겨울이었다. 2009년, 6학년 때 담임선생님을 찾아뵌 적이 있다. 그분께 아직도 전교조 활동을 하시는지 물어봤다. 그분은 전교조에서 탈퇴하셨다고 했다.

"나는 더 이상 전교조가 아니다. 전교조는 퇴색됐다. 특히 중고교의 전교조는 더 과격하다. 나이스(neis)를 봐라. 전교조가 그렇게 반대했지만, 나이스만큼 편한 것도 없다"

2000년대 초, 중학교에 진학하게 됐다. 내가 다녔던 중학교는 사립학교여서 전교조 교사가 많지 않았는데, 나는 1학년부터 3학년까지 모두 전교조 소속 교사를 담임으로 만났다. 중학교 3학년 시절, 전교조 소속 담임에게서 주로 들은 내용은 '조선일보', '노무현' 그리고 '오마이뉴스'였다. 노는 데 정신이 팔린 나로서는 노무현은 그저 대통령이고 '조선일보'는 신문, '오마이뉴스'는 단순한 인터넷 뉴스 정도였다. 담임은 수업시간만 되면 조선일보를 일방적으로 비난하고 특유의 비꼬는 말투로 학생들의 이목을 끌었다. 아무 뜻도 모르고 애들이 웃으니 나도 따라 웃었다. 담임은 수업시간만 되면 "난 노무현 대통령이 너무 좋다. 진정한 우리의 대통령이다"라고 반복해서 이야길 했다. 그리곤 "좀 전에 수업 들어오기 전에 오마이뉴스에서 기사를 보았는데"라고 시작하며 자신의 생각을 표출했다. 그는 "시간이 나면 오마이뉴스 가서 뉴스를 읽어보도록 해!"라고 광고도 했다. 우리 반에 담임을 싫어하는 친구가 있었다. 그는 내게 "난 나중에 조선일보 들어가서 노무현에 대해 쓸 거야"라곤 했었다.'

인천 외고 사태를 다루면서 공립보다는 사립에 전교조가 적다는 이야기는 8부 '친애하는 학생 동지들 그리고 국민의례' 편에서 다룬 바 있다. 중학교 3년 내내 전교조를 담임으로 만나는 일은 쉽지 않은데 이 학생, 참 고단한 학창시절을 보냈다. 전교조 담임은 조선일보와 오마이뉴스를 입에 달고 살았다고 했다. 좋은 책이 있는 게 아니라 좋은 독자가 있다. 건

전한 상식을 지닌 사람은 조선일보를 읽든 오마이뉴스를 보든 그 필체에 휘둘리지 않는다. 말 몇 마디, 문장 몇 개에 분개하고 통탄하고 환호한다면 그는 '어른의 자격'에 한참 미달이다.

'중3 시절 나 역시 이런 보이지 않는 전교조의 세뇌에 큰 실수를 한 적이 있다. 학원에서 논리력을 키우기 위해 사설을 읽고 느낀 점을 쓰라고 숙제를 내준 적이 있다. 사설 내용은 북핵에 관한 내용이었다. 나는 사설을 읽고 느낀 점으로 '북한이 핵 개발해도 상관없다. 왜냐면 통일되면 북한 핵은 우리 것이 될 것이기에'라고 쓴 것이었다. 지금 생각해보면 너무나도 어리석은 생각이었다. 이유는 북핵의 본질(북의 체제수호, 대남적화 야욕)을 몰랐기 때문이다. 전교조는 바로 이점을 이용한다. 북핵을 학생들에게 설명할 때, 김정일에 대한 언급은 피하고 마치 북핵이 남북 모두에게 이점이 된다는 식으로 이야기한다. '한반도 핵자위론', '통일핵', '외세로부터 자주성 확립' 등 북한이 주장하는 내용을 강조하는 것이다. 학생들 중 다수는 "북한이 핵을 가졌는데 우리는 왜 그렇게 부정적으로 생각하나요?"라는 식으로 답하기도 했다. 자유롭고 민주적인 교육을 받는 이들이 통제와 억압 받는 북한주민과 똑같은 수준의 사고를 하는 것이었다.'

실은 이 책에서 '친북'과 '종북'을 혼용해 썼다. 그러나 둘은 전혀 다른 개념이다. 친북은 다분히 정서적인 공감대이다. 같은 민족이라는 호감을 기본으로 해서 미국의 대북 정책에 맞서 강도 높은 대응을 하는 북한이 멋지다고까지 생각한다. 당연히 핵도 어차피 통일이 되면 우리 것이니 북한이 핵을 개발한 게 왜 문제가 되는지 이해하지 못한다. 그 핵이 남쪽을 향해 날아올 수도 있다는 사실은 절대 상상하지 않는다. '종북'은 북한의 통일전선전략에 동조하는 거다. 남쪽에 사회주의 정권을 세워 통일을 하겠다는 의지다. 북한의 대남 전략과 일치한다. 다만 그것이 북한의 지령이나 입맛이라고 생각하는 대신 남쪽에서 자발적으로 결정한 것이라는 착각에 빠져있거나 혹은 의도적으로 숨기는 것이다. 단순하게 말해 친북은 순진하고 종북은 치밀하고 간교하다.

'전교조 교사들은 수업 중 미국을 지칭할 때 '미국놈'이라는 용어를 사용한다. 교사가 "미국놈, 미국놈"이라고 지칭하기 시작하면, 학생들도 대화에서 똑같이 말한다. 과거에 반일 감정이 고조되었을 때 사용했던 "일본놈, 일본놈"과 같은 상황이다. 2002년, 동두천에서는 미군 장갑차에 치여 여학생 두 명이 사망하는 사고가 발생했다. 이른바 '효순이·미선이' 사건이다. 이 사건은 한국사회에 반미의 불을 다시 지피는 데 이용됐다. 이때 학교에 다니던 학생들은 이명박 정부(2008년)가 들어설 때쯤 대학으로 진학했고, 이들은 광우병 사태가 터지자 광장으로 뛰쳐나왔다. 학창시절 학습한 반미가 2008년에는 '미국 소는 미친 소'라는 구호로 터져 나왔다.

2005년, '법과 사회'라는 과목의 문과 수업을 사회과 교사(S)에게 들었다. S는 수업 시간만 되면 전직 대통령 중 국민의 정부와 참여정부 대통령을 제외한 대통령을 비난했다. 예를 들면 전두환 대통령은 문어 대가리, 박정희 대통령은 숏다리, 다카키 마사오 등으로 지칭한다. 반대로 참여정부와 국민의 정부는 치켜세우면서 뒤에 항상 존칭을 '대통령'이라고 붙였다. 탄핵으로부터 노무현을 구출했던 헌법재판소를 치켜세우는 데 수업시간의 많은 부분을 할애했다. S는 헌법 전문을 거론하면서, 자유민주주의 시장경제체제라는 대한민국의 헌법 정신에 비춰 일본처럼 공산당을 허용해야 한다고 주장했다. "우리가 이제는 민주화도 어느 정도 되었으니 공산당을 허용하는 관용을 보이자"는 등의 말을 하는 것이다. 학생들의 반응은 없다. 전후세대이며, 자유민주주의에 대한 감사함 우월감을 느낄 줄 모르고 반공교육을 받지 않았기 때문에 공산당이 무슨 의미인지 받아들이기 매우 어렵기 때문이다. 이렇게 무비판적으로 S의 수업을 받아들인 학생이 나중에 "공산당을 허용합시다. 그것이 민주주의입니다"라고 말하고 다닌다면 그것에 대해 우리는 그 학생에게 뭐라고 답변을 해야 할까?'

공산당 허용이라. 그람시의 진지전 이론이 그대로 교실에서 전개된다. 먼저 '말'이 있고 이후에 '의식'이 뒤따른다. 말로 풀어진 경계심을 의식은 수습하지 못한다. 수습하지 못한 의식은 수습이 안 되는 인생을 초래한다.

'전교조 소속 교사들은 유행을 잘 따라가 학생들에게 친근하고 인기 있는 선생님으로 인정받기 쉽다. 그 대표적인 예로 0교시 폐지와 두발 자유화를 들 수 있다. 0교시는 학교 입장에선 진학률 및 학업 성취를 달성하기 위해 개설하는데, 전교조 교사는 학생 인권을 핑계로 "0교시 하면 학생들 아침밥도 못 먹고 너무 일찍 와서 수업시간에 졸고 그럽니다"라며 학생들을 위하는 척 반대의견을 개진한다. 0교시를 하면 본인도 일찍 와야 하므로 실상은 자기가 귀찮은 것이다.

전교조 교사들은 학생들의 인권을 신장해야 한다는 의미로 두발 자유화 등에 동의하고 힘을 실어준다. 학생들에게 "우리 같이 생각 있는 전교조 선생님이 힘을 모으면 두발 자유화를 할 수 있어"와 같은 말을 한다. 두발 자유화는 한창 외모에 민감한 청소년에게 파급력이 큰 주제다. 전교조의 이러한 행동은 학생들에게 영합함과 동시에 학생들을 의식교육 하는 것이다. 촛불집회를 선동한 교사들은 대부분 전교조가 아니었던가? 2008년에는"이명박 정부가 집권해 민주주의가 후퇴했고, 미국산 소고기 먹으면 광우병 걸린다"는 전교조의 말을 듣고, 수많은 중, 고생들이 거리로 나온 것이다.

믿기 어렵겠지만 중고등학생의 가장 큰 관심사는 머리를 기르는 일이다. 그 머리에 색을 입히고 구부리고 빳빳하게 세우는 일이 입시보다 훨씬 더 중요하다. 두발과 인권이 같은 선상에 놓여있다는 말은 이해하기 어렵다. 인권 신장을 확보하여 머리를 길게 기른 군인, 상상이 되시는가. 속한 조직이나 연령에 따라 일부 제한이 있는 것이 정상이다. 자유와 방종의 경계와 같다.

'전교조의 무의식적 세뇌가 얼마나 위력적인지 내 경험을 하나 말해보겠다. 입시에 대비하기 위해 학원에 등록하고 오리엔테이션 강의를 들었다. 과목은 언어영역(국어)인데, 모든 학원의 첫 시간엔 통상적인 이야기를 한다. "공부 열심히 해라, 수업에 빠지지 마라, 노력하면 된다" 등이다. 학원 강사는 시험의 추세, 수험생의 마음가짐 등을 이야기했다. 이후 시사적인 내용으로 주제를 옮겨 사회현상에 대해 이야기를 하며 학생들의 반응을 물어보았다. 강사는 "사회에서 법과 질서를 잘 지키면 가장 이익을 보는 건 누구냐?"는 질문을 던졌고, 나는 갑자기 마음속으로 "가진 자들이요"라는 답이 떠올랐다. 당연히 모범답안인 '사회'라고 대답을 해야 하는데, 나는 왜 "가진 자들이요"라고 대답을 했을까? 결국 나도 모르게 '계급적 의식'에 빠져버린 것이다.'

가랑비에 옷 젖고 잔매에 골병들고. 바로 이럴 때 쓰라고 있는 속담이다. 이 학생은 '골탕'을 먹었다. 종종 드는 의문이다. 원래 골탕은 소의 등골이나 머릿골에 녹말이나 밀가루 따위를 묻혀 기름에 지지고 달걀 푼 것을 씌운 후 이를 맑은장국에 넣어서 다시 끓여 익힌 국을 뜻한다. 그러니까 맛난 탕을 먹는다는 의미였는데 대부분 부정적인 의미로 쓰이는 이유는 무엇일까. 추측하기로는 그 '골'이 아니라 속이 물크러져 상했다는 의미의 '곯다'나 담긴 것이 그릇에 가득 차지 아니하고 조금 비다를 말할 때의 '곯다'에서의 그 '곯'이 아닌가 싶다. 즉 골탕이 아니라 '곯탕'을 먹은 것이다. 이 '곯탕'은 나중에 우리 모두가 먹는다.

'대부분의 학생은 어느 교사가 전교조인지 모른다. 관심도 없을뿐더러 구분도 못한다. 수업하는 교사가 전교조인지 아닌지에 대한 내 나름의 구분법을 가지고 있었다. 이 구분법을 여러 번을 시도해봤는데, 모두 적중했다. 그 방법은 교사에게 국가보안법에 대한 질문을 던진 후 교사의 생각을 듣고, '존속과 폐지 중 어떠한 판단을 내려야 하는지'를 묻는 것이다. 일종의 유도 질문이다. 국가보안법 폐지를 주장한다고 전교조 교사로 단정 지을 수 없으나, 전교조 교사들은 국보법 폐지를 대부분 원한다. 나는 교사에게 "선생님 질문 있는데요, 국가보안법에 대해 어떻게 생각하시나요?" 라고 물으면 교사는 무언가 대답을 할 것이다. 그 후 나는 교사의 의견에 어느 정도 동의하는 '척'하며 교사의 의견과 반대되는 내용을 섞어 말한다. 그러면 교사는 나를 설득하기 위해 교사 개인의 이념적 성향을 표출하게 된다.

하루는 그날 수업의 진도를 다 나가 수업이 일찍 끝났다. H교사와 학생 모두 수업 종료 종소리만 기다리고 있었다. 나는 H교사가 국가보안법에 대해 어떠한 생각을 가졌는지 궁금했다. 대충 어떻게 생각을 하고 있을 것이라고 알고 있었지만, 더 자세히 알아보고 싶었다.

"선생님, 국가보안법 폐지하면 안 되는 거죠?"

"폐지해도 되지 않을까?"

"남북이 분단 중이고, 북한은 결코 변하지 않았는데, 그들이 성의를 보이지 않는데 왜 폐지를 해야 하나요?"

"너 조선일보 보냐?"

"아니요, 저 동아일보 보는데요?"

이 교사는 나에게 "한겨레나 경향신문 봐라"고 하더니, 수업 종료종이 치지도 않았는데도 교실을 나가버렸다. 나는 그가 '사상의 자유', '남북관계'라는 미명이라도 내세울 줄 알았는데, 돌아오는 답은 '조선일보 보냐?'였다.'

클리셰(Cliche)라는 단어가 있다. 진부한 표현이나 고정관념을 뜻하는 프랑스어다. 원래는 활자를 넣기 좋게 만든 연판(鉛版)을 뜻하는 인쇄용어였는데 19세기 말부터 별 생각 없이 의례적으로 쓰이는 문구나 기법 혹은 편견 전형(典型) 등 다양한 의미로 바뀌었다. 전교조에는 전용 클리셰가 두 개있다. 하나는 "이게 다 미국 놈들 때문이야", 다른 하나는 "너 조선일보 보냐?" 대체 조선일보 없었으면 어떻게 살았을까. 의외로 물든 사람이 많다. 무슨 얘기인가 하다가 상대가 진지한 표정으로 물은 적이 있다. "혹시 조선일보 보세요?" 이 학생처럼 순발력이 없어 그저 멍했던 기억이다.

'2009년 어느 날, 고교 동창을 만났다. 나를 포함해 세 명이 만났는데 모두 H에게서 역사 수업을 받았었다. 한 명은 대학생이고, 또 다른 한 명은 군 복무 중이었다. 이야기를 하던 중 미국 이야기가 나왔다. 나는 이들이 미국에 대해 어떻게 생각하는지 궁금했다. 군복무 중인 친구에게 "너는 미국과 미군에 대해서 어떻게 생각해?"라고 물었다. 그는 "미군이 필요하고, 미국에 대해서도 나쁜 감정 없다"고 답했다. 군대에 아직 가지 않은 나머지 한 명에게 똑같이 물었다. 이 친구는 위에서 사설모의고사를 취소해 H로부터 욕을 먹었던 학생이다. 이 친구는 "미국 싫다"고 답했다.

"왜 싫으냐? 미국이 너한테 뭐 잘못한 거 있냐?"

"그냥 싫다"

H를 담임으로 두고, 그에게서 역사를 배워, '미국 그냥 싫다'던 이 친구를 2011년 다시 만났다. 그는 강원 화천 X사단 GP(전방초소)에서 복무하고 갓 제대했다. 그는 내게 군복무 소감을 이렇게 밝혔다.

"600m 앞에 북한군이 보이니 생각이 달라질 수밖에 없다. 직접 가서 경험해 보면 누가 적이고 동맹인지 알게 된다"

그는 군대를 통해서 편향된 사고에서 벗어났다. 2011년, H의 이름을 다시 접하게 됐다. 좌편향 문제가 제기됐던 '고등학교 한국사' 교과서 필진에 H의 이름과 모교가 적혀 있었다. H가 쓴 책

을 통해 국사를 배우게 될 학생들이 걱정됐다.'

> 가장 좋은 것은 생각만으로 깨우치는 것이다. 차선은 보고서 깨우치는 것이다. 최악은 보고도 못 깨우치는 것이다. 종북은 여기에 더 나쁜 거 한 가지를 추가한다. 그들은 보고도 안 깨우친다. 거기에 바친 세월이 아까워서 그런다. 남은 인생은 그보다 더 긴데.

'사회 과목은 굉장히 문제가 많다. 교과서와는 별도로 부교재라는 것을 전교조 교사가 만들어 학생들에게 강매한다. 이 부교재는 '한겨레', '경향신문', '오마이뉴스', '프레시안' 등의 사설과 기사를 짜깁기 해 놓은 것이다. 책에는 대립하는 의견(국보법을 바라보는 조선일보의 기사와 한겨레의 기사)을 놓고 학생들에게 "왜 조선일보는 저러한 의견을 가진 것일까?"하는 식의 유도 질문으로 구성돼 있었다. 더 큰 문제는 이것이 수행평가의 일종이어서 전교조가 원하는 답을 써야 만점을 받을 수 있다는 것이다. 나 같은 경우는 '국보법 폐지 절대 불가', '한미동맹 강화' 등의 답을 썼다가 평균보다 낮은 점수를 받은 적도 있다. 내 돈 내고 책 사서 본 전도 못 건진 것이다. 전교조 교사들은 북한이 주장하는 감상적 민족주의(우리민족끼리)를 무기로 학생들에게 통일 교육을 교육시킨다. 한 전교조 교사(F)가 담임으로 있는 반에는 태극기가 걸려 있음에도 칠판 옆에 한반도기를 걸어 놓았다. 어느 날은 누군가 한반도기에 낙서를 해놓은 적이 있었다. F는 그것을 보고 "누가 이런 짓을 해놓았느냐?"면서 화를 내고 "범인이 나오기 전엔 집에 보내지 않겠다"고 종례를 늦게 끝내기도 했다.

> 한반도기란 특정 상황에서만 사용되는 것이다. 가령 남북 단일팀으로 세계대회 등에 나갈 때. 그 외에는 태극기를 써야 한다. 객관적인 기준이기 때문이다. 이를 무시하고 주관적인 애국을 내세운다면 우리는 스탈린과 히틀러를 애국자라고 불러야 하는 상황에 처하게 된다. 수행평가와 전교조의 교육이 연동되는 것은 별로 문제가 안 된다고 본다. 오히려 반발만 불러올 수 있기 때문에. 그러나 자기 생각을 적지 못하고 출제자의 의도를 헤아려야하는 학생들은 대체 무슨 죄인가.

우리 학교에는 전교조의 거물급 교사(G)가 한 명 있었다. 2008년에 촛불을 든 그가 광화문에서 일행을 찾던 모습이 떠오른다. G는 광우병 사태가 터지자 학교에서 광화문으로 퇴근하고, 광화문에서 학교로 출근했다고 한다. 광화문 네거리를 점거한 채 술판을 벌이고, 밤을 새우니 그가 들어가는 교실은 술 냄새로 진동했을 것이다. 한 학생이 "선생님 술 냄새나요"라고 하자, G는 "어제 밤새 광화문에 있었다. 나는 매일 학교가 끝나면 광화문으로 간다. 이명박 정부가 출범한 이후 민주주의가 후퇴하고 있다"고 애들에게 말했다. 더 나아가 광화문에 나가라고 선동도 했다. 그 교실에는 내 동생이 G의 수업을 듣고 있었다. G에게서 직접 수업을 듣지 않아 그에 대해 많이 알 수는 없었지만, 그가 어느 정도인가는 대충 짐작이 간 적이 있었다. 2005년, 학교 서클 활동으로 외부 행사에 참여한 적이 있었다. 타학교에서도 참석을 했는데, 한 교사가 나에게 "어느 학교에서 왔느냐?"고 물었다. "XXX고에서 왔다"고 하자 대뜸 G를 언급했다.

"거기에 G 선생님 있지? 그 사람 (대학 때) 날렸던 사람이야"

그 이야기를 당시에는 흘려듣고 말았는데, 언젠가부터 그 의미를 알게 됐다. G는 한때 학교의 직을 유지하면서, 학교 대신 전교조 사무실로 출근하곤 했다. 현재 모교의 전교조 교사 수는 20여 명 정도이다. 많을 땐 40여 명에 이르렀다. 현재 이들은 전교조 활동이 위축된 것에 대해 우려를 표하는 것으로 알려졌다. 이 때문에 전교조 조합원 모집에 신경을 쓰는 모양이다.

학식과 덕행이 높아 남의 모범이 될 만한 인물을 사표(師表)라고 부른다. 스승 '사'자를 쓴다. 아이들이 가장 영향을 많이 받는 건 결국 선생이다. 선생의 한마디에 인생의 목표가 바뀌기도 하고 부정적인 아이가 쾌활하고 낙천적이 되기도 한다. 사기와 왜곡은 아이들의 인생에 구체적으로 죄를 짓는 일이다. 전교조가 사표(師表)가 아니라 죽음의 표식인 사표(死表)인 이유다.

출처 : 수기(手記), 전교조 교사들에게 세뇌되어간 나의 학창시절

작성자 ahnhsmk

명랑
소설
#10

# 공부 못해 죄인됐던 80년대 강남인 vs 염치 없어 죄인 된 지금의 강남인

1

다리 건너 온 사람 손들어. 처음엔 질문의 요지를 파악하지 못했다. 고등학교에 입학해 처음 담임과 상견례를 하는 자리였다. 몇몇이 손을 들었다. 담임은 숫자가 적은 것에 안심한 듯 밝아졌다. 나중에 알고 보니 다리는 성수대교였다. 다리 저편에서 건너 온 아이들이 많으면 그 해 입시 농사는 흉년이었다. 기준이 되는, 다리 이쪽이 강남이었다. 그 시절 강남의 콧대는 그랬다. 나? 강동에서 온 '것'들은 아예 계산에 넣지 않았다. 어차피 누군가는 꼴등을 해야 하니까. 1982년 봄이었다.

외고나 특목고가 없던 인문계의 전성시대였다. 정확히는 강남 8학군 인문계. 한 반에서 명문대를 열 명씩 갔다. 대학이 인생의 전부인가요? 당시 청소년 영화를 보면 이렇게 절규한다. 그러면 선생님이 학생을 끌어안으며 말없이 눈시울을 붉히는 게 일반적인 내러티브. 그런데 강남은 아니었다. 바로 응 이라는 답이 나온다.

명료했으며 현실이해도가 높았고 미래지향적이었다. 말 나온 김에 하나 더. 선생님, 공부 못하는 게 죄인가요? 물론이지.

문화는 더 충격이었다. 민주주의만 밥을 먹고 자라는 게 아니다. 문화도 밥이 있은 후에야 제대로 된 게 나온다. 청계천에서 '빽판'을 사서 듣던 내가 이른바 '원판'이라고 불리던 오리지날 음반을 처음 본 게 그때다. 아버지가 외국 출장 다녀오면서 사 온 거란다. 물론 강동의 아버지들도 자식들을 사랑했다. 다만 외국 출장 갈 일이 없었을 뿐.

영화 '말죽거리 잔혹사'와 '두사부일체'가 같은 학교를 모델로 하고 있다는 사실을 아시는지. 그 역시 강남에 있는 학교다. 조금 남달랐을 뿐 강남 역시 일상적인 폭력에서 예외가 아니었다는 말씀이다. 궁금하다. 대체 왜들 그렇게 두들겨 패셨는지. 격세지감. 요즘은 존중하지도 않는데 안 맞는다. 그때는 존경하면서도 맞았다. 아닌가? 맞다보니 존경심이 생겼나? 최선은 존경하고 안 맞는 것이다. 생선 중에도 양식이 되는 게 있고 안되는 게 있다. 인간도 마찬가지다. 자연산은 때리지 말아야 한다. 꽃으로도. 뭐든.

지는가 싶더니 다시 강남이 뜨고 있다. 이제는 부와 명예도 부족해 양심과 이념까지 갖겠다고 난리다. 성분에 맞게 사고하라고 하면 기계적 유물론이라고 받아친다. 강남은 특정 지역이 아니라 비유와 상징이라며 물을 탄다. 레이몽 아롱의 '지식인의 아편'을 들이대도 콧방귀다. 양심과 이념을 표방하지만 이들의 진짜 관심사는 권력이다. 현재의 집권 세력이 재화의 배분 과정에 있어 문제가 심각하니 그보다는 다소 양심적인 자기들이 그걸 집행해보겠다는 주장이다. 그러나 노블레스 오블리주의 실천 영역은 현실 정치가 아니라 봉사와 기부이다.

한 사람은 강남 좌파 소리가 듣기 싫어 강북으로 이사를 갔고 또 한 사람은 강남 좌파의 전도사로 지목 받으며 상황을 즐기고 있다. 전자는 '88만원 세대'의 저자인 우석훈이고 후자는 '진보집권 플랜'의 조국이다. 누가 더 윗길일까. 가지고 싶으면 버려야 한다. 80년대 중반 학생 운동에 열심이었던 친구의 가장 큰 콤플렉스는 자신이 강남구 압구정동 한양 아파트 80평에 살고 있다는 사실이었다. 어디 사느냐고 물을 때면 항상 성수동 근처… 하며 말끝을 흐렸다.

2

내 친구 형석이 아버지는 걱정이 많았다. 아들이 공부 잘해 서울에 있는 좋은 대학에 간 것 까지는 좋았는데 동네에서 웅성웅성하는 말이 똑똑한 애들은 데모하다 전부 감옥 간다는 얘기 아닌가. 현철이 아버지는 밤잠을 설쳤고 표시나게 살이 빠졌다. 어릴 적부터 앞뒤 안 맞으면 자기 일 아닌 일에도 발끈하던 아이다. 아는 게 병이었고 들은 게 죄였다. 거꾸로 매달아 놓고 코에 고춧가루 물을 붓는다는데 칠성판 위에 올려놓고 쥐포처럼 튀긴다는데. 아들이 방학이라 집에 내려오면 아버지는 불러 앉혀놓고 계속 같은 말이었다. 데모하는 것 까지는 좋은데 앞에만 서지 마라. 아버지 죽는다.

형석이도 고민이 많았다. 대학 갈 때 아버지는 정말 소를 팔았다. 어디 깊은 곳에 병이 들었는지 언제부터인가 농사일을 버거워하던 아버지였다. 아버지 웃는 날은 자기가 상장 타오던 날이었다. 오매, 또 일등이네. 예민한 시기에 변변찮은 입성으로도 견딜 수 있었던 건 아버지 때문이었다. 광주에서 사람들이 많이 죽었다. 그 비디오 보고 형석이는 며칠 잠을 못 잤다. 시위 현장에 얼굴 비치는 일이 잦아졌던 형석이는 결국 무슨무슨 위원장이라는 감투를 썼다. 시위를 지휘하기 전날 형석이는 막걸리를 두 병이나 마셨다. 우울한 표정이었다. 울 아부지 죽는디… 속내 털어놓을 때는 고향말이 나오던 형석이었다.

결국 형석이는 제적을 당했고 감옥에서 나오기 무섭게 공장에 들어갔으며 그렇게 몇 년을 흘려보냈다. 지금은 학원 강사다. 어찌나 잘 가르치는지 강의실이 미어터진다. 술 마시던 끝에 물었다. 요새는 좌파 안하냐. 씩 웃는다. 나, 요새는 뭘 버리는 게 아까워. 우리는 그날 안주로 나온 오징어를 눈알까지 씹어 먹었다. 대리 기사에게 어디 팰리스요 하며 키를 건넬 때 형석이의 표정은 밝지 않았다. 자주 보지 말자, 했다. 25년 친분으로도 덮어지지 않는 형석이의 자기 결벽과 부끄러움을 나는 헤아리기 어렵다.

주변에 '강남 좌파'가 꽤 있다. 민주화 운동 시절 부모님들은 불안해했지만 부끄러워하지는 않았다. 버리고 반납한 사람이라서 존중 받았다. 소생은 여러분이 뭘 내려놨다는 소리를 들은 적이 없다. 주렁주렁 매달고 명예까지 획득하려는 그 '심뽀'를 모르겠다. 김영삼 대통령을 좋아하는 이유는 딱 하나다. 부와 명예를 동시에 가지지 못하도록 하겠다, 선언해서 그렇다. 선언을 실현했는지는 부차적인 문제다. 세상이 어떻게 돌아가야 하는 것인지 그보다 명료하게 정리한 말을 나는 알지 못한다.

티브이에서 북한인권운동가인 김영환씨의 인터뷰를 봤다. 놀라웠다. 오십 먹은 남자의 얼굴이 기름기 한 방울 없이 저토록 담백할 수 있다니. 욕심을 버려야 생기는 게 담백이다. 정계 입문에 대해 묻는 진행자의 말에 그러면 이전의 모든 행적이 자기 영달을 위한 사전 작업으로 보이고 그게 북한민주화운동에 짐이 될 수 있기 때문에 안한다고 했다. 앞으로도 계속 힘든 길을 갈 것이냐는 질문에는 소외된 사람들에 대한 의무감이라고 답변했다. 김일성 미팅 후 자신의 코페르니쿠스적인 대북 인식에 믿고 따라온 동지들이 놀랄까봐 살살 전향을 유도했다는 '인간에 대한 책임'도 털어놓았다. 솔직히 NL 주사파 별로 안 좋아했다. 그 유명한 '강철서신'도 잡문 읽듯 넘겼다. '품성론'을 보면서 역시 주사파는 달라, 운동을 품성으로 하다니, 그 비과학성을 비웃었던 것이 사실이다. 인터뷰를 보면서 머릿속에 떠오른 인물은 님 웨일즈가 사랑한 남자, '아리랑'의 김산이었다. 민혁당 당원들은 참 멋진 당수(黨首)를 가졌었구나. 인터뷰 보다가 눈시울이 붉어진 건 처음이다. 그가 너무 아름다워서. 갑자기 형석이 생각이 나서. 어쩌면 내가 너무 부끄러워서.

# 나가면서

시(詩)를 쓰되 좀스럽게 쓰지 말고 똑 이렇게 쓰랏다. 김지하의 '오적' 첫 문장이다. 좌우명 비슷하게 뭘 쓸 때마다 항상 염두에 둔다. 잘고 옹졸하지 않기는 생각보다 쉽지 않다. 이 책을 쓰면서도 원칙을 고수하려고 애썼다. 자잘한 시비 걸지 않기, 말 돌리지 않고 무조건 스트레이트! 자평하기에 팔십 프로 쯤 달성하지 않았나 싶다. 나머지 이십 프로는 애초부터 내게 없는 능력이다. 해서, 대략 만족이다.

'전교조는 일종의 병이다. 영혼을 타락시키고 온화한 사람도 폭군으로 만든다. 법과 질서에 대한 경멸이 확산되면서 나라가 무정부 상태로 진입하고 있다.' 소생이 한 말이 아니다. FBI 국장 에드가 후버의 일대기를 다룬 디카프리오 주연의 영화 'J. 에드가'의 첫 대사, '공산주의는 정당이 아니라 일종의 병이다. 영혼을 타락시키고 온화한 사람도 악덕한 폭군으로 만든다. 법과 질서에 대한 경멸이 확산되면서 나라가 무정부 상태로 진입하고 있다'에서 공산주의란 단어만 전교조로 바꾼 것이다. 전교조에 대한 자료들을 검토하면서 냉전 시대 고색창연한 인물의 발언이 떠오른 건 소생의 사고가 비정상적이거나 전교조의 시대 역행이 심각하거나 둘 중 하나겠다. 물론, 판단은 독자의 몫이다.

책이 전교조 백과사전이 되지 않기 위해 잡스러운 것들은 과감히 덜어냈다. 출범 과정은 어떠했으며 현재 조직 구성은 어떻고 등등. 다방면에서 다각도로 문제가 많은 조직이지만 '친북'과 '반미'와 '반국가' 딱 세 개만 집중적으로 조명했다. 가령 전교조의 헌법, 공무원법, 교육공무원법과의 충돌 등 법리(法理)적인 문제만 해도 단행본 한 권 분량이다. 몰라서 안 다룬 게 아니라 길어서 안 다뤘다. 실은, 재미없어서 안 다뤘다.

대한민국은 심각한 성장통을 앓고 있다. 경제는 압축성장이 가능하지만 민도(民度)는 아니다. 제 시간을 꼬박 다 들여 자라야 제 구실을 하고 사회 구성원들의 입맛을 충족시킬 수 있다. 우리는 급하게 선진국 대열에 올랐고 그 후유증으로 사방이 삐걱댄다. 그러니까 현재는 일종의 수습 단계인 셈이다. 이 사태의 끝이 모쪼록 해피엔딩이기를 빈다.

제목은 볼프강 벡커 감독의 영화 '굿바이, 레닌'에서 따 왔다. 두 가지 이유다. 첫째는 그냥 느낌이 좋아서 두 번째는 이제는 우리가 전교조라는 조직과 제대로 결별할 시기이기 때문이다. 한 때 전 세계 피압박 인민들에게 희망의 이름이었던 레닌이 얼마 후 넘어서야 할 압제의 상징이 된 것처럼. 낡은 것을 털고 더 높은 단계로 진입할 것인가 아니면 진흙탕 싸움 끝에 추락하여 목이 부러질 것인가. 대체로 낙관론자인 나는 결말이 아름답게 맺어질 것으로 믿는다. 그리고 이 책이 그 결말의 의미 있는 한 올이 되기를 바란다, 고 말하면 있어 보이기는 하겠지만 낯이 간지럽고 진짜 이유는 이거다. 아이들은 밝고 명랑하게 자라야 하기 때문에. 우리가 그러지 못했으므로 더더욱.

이상, 대한민국 만세다.

꾼빠이, 전교조

1판 1쇄 발행 2012년 8월 30일
1판 2쇄 인쇄 2012년 9월 25일

지은이 남정욱

펴낸곳 북앤피플
대 표 김진술
펴낸이 맹한승
디자인 김재모

등록 313-2012-117호
주소 서울시 마포구 신촌로 196-1 이화빌딩 502호
전화 02)2277-0220
팩스 02)2277-0280
이메일 jujucc@naver.com

ISBN 978-89-97871-02-5 03330